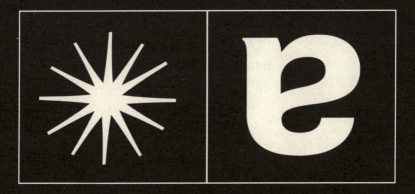

© sobinfluencia para a presente edição, 2022

COORDENAÇÃO EDITORIAL
Fabiana Vieira Gibim, Rodrigo Corrêa, Alex Peguinelli e Gustavo Racy

PREPARAÇÃO
Gustavo Racy

REVISÃO
Alex Peguinelli e Fabiana Vieira Gibim

PROJETO GRÁFICO
Rodrigo Corrêa

Dados Internacionais de Catalogação na Publicação (CIP) de acordo com ISBD

M433a	Matos, Andityas Soares de Moura Costa
	A an-arquia que vem: fragmentos de um dicionário de política radical / Andityas Soares de Moura Costa Matos - São Paulo : sobinfluencia edições, 2022.
	224 p. : 13,5cm x 21cm.
	Inclui bibliografia.
	ISBN: 978-65-84744-08-0
	1. Política. 2. Filosofia. 3. Anarquia. 4. Anarquismo. I. Título.
2022-2353	CDD 320
	CDU 32

Elaborado por Vagner Rodolfo da Silva - CRB-8/9410

Índice para catálogo sistemático:

1. Política 320
2. Política 32

---

sobinfluencia.com

COLEÇÃO**RASTILHO**

A *AN-ARQUIA* QUE VEM

FRAGMENTOS DE UM DICIONÁRIO DE POLÍTICA RADICAL

ANDITYAS SOARES DE MOURA COSTA MATOS

9
PREFÁCIO
ROBERTO ESPOSITO

13
**INTRODUÇÃO:
POR UM NOVO LÉXICO
POLÍTICO**

31
MORTE E LINGUAGEM

49
COMUNIDADE E COMANDO

77
ANARQUIA E PANDEMIA

97
POVO E DEMOCRACIA

125
UTOPIA E DISTOPIA

153
**ESTADO DE EXCEÇÃO E
DESOBEDIÊNCIA CIVIL**

183
TEOLOGIA E POLÍTICA

207
CODA: TESES PARA RAVACHOL

Êta mundo bom de acabar!

Racionais Mc's, *Jesus chorou*

A destruição se torna ativa na medida em que o negativo se transmuta, se converte em potência afirmativa.

Gilles Deleuze, *Nietzsche e a filosofia*

PREFÁCIO
Roberto Esposito

Existem dois modos de escrever um dicionário de política. O primeiro é aquele que fixa, legitimando-os de maneira canônica, significados já definidos. Nesse caso, o dicionário exerce a função de clausura do discurso, e também o de censura ideológica em relação a tudo que o excede. Ele tem o papel de guardião de fronteiras já assinaladas que não devem ser transgredidas, mas, ao contrário, tornadas definitivas, consagradas em termos teológico-políticos como limites invioláveis que não podem ser profanados. Todavia, ao menos potencialmente, existe um outro tipo de dicionário, raramente presente na lexicografia moderna e contemporânea, dado que está em íntima contradição com a própria ideia de "dicionário". Como o elenco de termos de Borges, acumulados aparentemente sem nenhum princípio ordenador por Foucault no começo de *As palavras e as coisas*, esse segundo tipo de dicionário tem como primeira tarefa a de contestar a si próprio, colocar em dúvida a forma mesma do dicionário em sua acepção tradicional. Ao invés de lidar com o fechamento e a definição, ele joga com a abertura e a desconstrução dos termos da política. Diferentemente de guardar fronteiras pré-fixadas, ele se esforça para ultrapassá-las, contestá-las e desestabilizá-las, seja criando novos termos, seja modificando os já existentes.

A essa segunda modalidade de dicionário pertence este que Andityas Soares de Moura Costa Matos projetou de modo rigoroso e original. Ele próprio o define como "radical". Mas em que sentido se deve entender essa expressão? Ela deve ser tomada ao pé da letra. Radical é um pensamento que vai à raiz das coisas e das palavras. Não para individuar seus fundamentos, e sim para desativá-los, colocando-os à prova diante de uma ausência, ou de uma falta, que não pode ser colmatada de forma definitiva porque o seu fundo é literalmente infundado. Nesse sentido, este dicionário se remete a uma ontologia pós-fundacional que se inscreve nos extremos limites da reflexão do nosso tempo. Mas o termo "radical" tem também outro significado no trabalho de Andityas Soares de Moura Costa Matos. Não só a contestação da ordem do discurso tradicional, mas também a inédita articulação entre termos aparentemente heterogêneos. Por isso a sua escolha de proceder mediante duplas de conceitos, postos ao mesmo tempo em conexão e tensão recíprocas.

Morte e linguagem, comunidade e comando, anarquia e pandemia, utopia e distopia, povo e democracia, estado de exceção e desobediência civil, teologia e política são os termos – igualmente no sentido de palavras últimas – que este dicionário coloca em campo, alargando-lhes o significado em direções inéditas. Mas não se trata aqui só desses termos, dado que nos seus entrecruzamentos emergem outros conceitos, categorias e paradigmas que adquirem relevo particular. Tal se dá a partir do paradigma da "biopolítica", repensado para além do seu significado adquirido e aberto a um sentido parcialmente novo. Algo análogo acontece com o conceito de "comunidade", este também reelaborado e levado para lá dos confins do debate que o viu nascer no final do século passado. Os termos "biopolítica" e "comunidade", surgidos em dois horizontes conceituais diversos, se entrelaçam em uma modalidade que põe em jogo também a ideia de "impolítico", entendido não como negação da política, mas como seu radical reverso. Democracia, utopia e desobediência civil são as outras vozes deste original experimento lexical, que promete abrir uma nova reflexão sobre a política que esteja distante da semântica exaurida e seja voltada para um novo modo de entender a sua relação com a filosofia.

13 de abril de 2022

INTRODUÇÃO
POR UM NOVO LÉXICO POLÍTICO

O léxico constitui o conjunto de palavras e expressões de que dispõem os falantes de determinada língua para exprimir seus pensamentos. É exatamente neste sentido que deve ser compreendida a noção de léxico político, ou seja, um conjunto de formas pelas quais se pode pensar e experimentar a *pólis*, ou melhor, o poder. A partir dessa constatação lançamos nossa hipótese, segundo a qual a prolongada crise que atinge a política ocidental não é propriamente a expressão de uma decadência ou de uma progressiva inadequação de mecanismos pré-modernos chamados a regular tempos pós-modernos, tratando-se antes do resultado daquilo que podemos chamar de dicionarização da política.

De fato, o dicionário é o dispositivo que pretende capturar em um todo fechado a multiplicidade da língua; transposto para a política, esse esquema indica a tentativa de definir, de uma vez por todas, o que é a política e quais são seus procedimentos, com o que tudo aquilo que fica de fora passa a ser visto como antipolítica ou irresponsável utopia. Os lexicógrafos da política, empenhados em fechar seu campo, são aquelas instâncias que personalizam o poder, que não só o exercem, mas o impõem aos demais enquanto fardo, controlando e determinando quais são as escolhas que podemos fazer, todas elas fixadas e rotuladas no dicionário da institucionalidade.

Uma das dimensões que contribui mais decisivamente para a dicionarização da política é a Universidade, onde seria esperável o contrário, ou seja, o rechaço de qualquer intento de fechamento e de limitação do plano das potencialidades. Contudo, por funcionar como instância de homologação doutrinal das práticas correntes e não como potencializadora de novas práticas, saberes e pensares, a Universidade contribui ativamente para a limitação da política a um campo fechado. Prova disso é que as novas práticas políticas que surgem a todo momento só são discutidas seriamente na Universidade após repetidos batismos no mundo da empiria, negando assim a dignidade do pensamento, condenado a meramente repetir o dado e o herdado.

Não é preciso sermos gênios para antever quão perigosa é a dicionarização da política, especialmente em tempos como o nosso, no qual a absoluta novidade sempre é lida em termos catastróficos, já que tudo aquilo que não está dentro do dicionário é tido como automaticamente errado. Daí porque a chamada crise da política possa ser entendida como a percepção, ainda muito confusa e negativa, de que há algo fora do dicionário, de que a língua da política não se deixa cercar e domesticar, pois muito antes de quaisquer modelos ou desenhos institucionais se impõe a evidência da infundamentabilidade de qualquer poder. Pensar politicamente significa pensar um fundamento sempre ausente e por isso mesmo recusar o gesto grandiloquente do dicionário, preparando no máximo uma introdução a um que jamais virá à luz. Com isso se afirma a dimensão própria da inesgotabilidade do poder, tal como fez Mustapha Khayati, que escreveu em março de 1966, na revista *Internationale situationniste*, um *Prefácio a um dicionário situacionista* que, por óbvio, nunca existiu. Vejamos o que ele diz em um significativo trecho:

> Toda teoria revolucionária teve que inventar suas próprias palavras, destruir o sentido dominante de outras palavras e aportar novas posições ao "mundo das significações", correspondendo à nova realidade em gestação, tratando de liberar da confusão dominante. As mesmas razões que impedem nossos adversários (os mestres do Dicionário) de fixar a linguagem, nos permitem hoje afirmar outras posições, negadoras do sentido existente. Todavia, nós sabemos de antemão que essas mesmas razões não nos permitem, de forma nenhuma, reivindicar certezas legiferantes definitivas; uma definição é sempre aberta, nunca definitiva; as nossas valem historicamente, por dado período, ligado a uma práxis histórica precisa. É impossível se desembaraçar de um mundo sem se desembaraçar da linguagem que o esconde e o garante, sem expor sua verdade. Como o poder é a mentira permanente e a "verdade social", a linguagem é sua garantia permanente, e o Dicionário sua referência universal. Toda prática revolucionária sentiu a necessidade de um novo campo semântico e de afirmar uma nova verdade; desde os enciclopedistas até à "crítica da língua de madeira" estalinista (feita pelos intelectuais poloneses em 1956), essa exigência não cessa de ser afirmada. *Isso porque a linguagem é a morada do poder*, o refúgio de sua violência policialesca. Todo diálogo com o poder é violência, seja sofrida ou provocada. Quando o poder economiza o uso de suas armas, é à linguagem que ele confia a tarefa de resguardar a ordem opressora. Mais ainda: a conjugação dos dois é a expressão mais natural de todo poder (KHAYATI, 1966, s/p).[1]

---

[1] Todas as traduções presentes neste livro são de responsabilidade do autor, a não ser quando indicadas nas referências edições traduzidas

Em poucas palavras, Khayati capta o vínculo entre linguagem e poder que, por ser absolutamente óbvio, corresponde àquilo que sempre deixamos de perceber. Mais à frente no texto, ele desenvolve todo um programa revolucionário ao perceber que a crítica da linguagem dominante deve se tornar a prática permanente da teoria revolucionária, a quem cabe impor contínuos *détournements* à linguagem dominante. Como se sabe, com este termo, traduzido para o português como "desvio", os situacionistas indicavam seu principal método. Este consistia em se apropriar de períodos, sentenças e ideias de outros pensadores e, alterando alguns de seus elementos ou simplesmente mudando seu contexto ou lugar na frase, construir potentes armas críticas dirigidas contra a miserabilidade do cotidiano contemplativo em que eles viam o mundo se submergir. Hoje, todavia, parece que o simples desvio do linguajar político dominante não é suficiente para se criar vitalidade, já que, como notou Agamben, tendo a mentira se tornado parte integrante da política, uma mudança epocal se impôs definitivamente, constituindo dessa maneira um horizonte que parece ser improfanável.

O dicionário se defende de todos os intentos de pensar fora dele: reafirmando o verdadeiro apenas como um momento do falso e reduzindo as opções à disposição dos falantes ao mínimo necessário, a exemplo do que anteviu George Orwell. Em *1984* ele nos apresenta atarefados lexicógrafos cujo dever e orgulho é produzir edições cada vez menos volumosas do dicionário de novilíngua, evidenciando não apenas o estreitamento do campo do pensar, mas da própria articulação do poder que, mais e mais identificado com sua própria prática, com seu ser despotencializado em

---

com seus respectivos tradutores.

ato, não tem outra alternativa senão voltar-se impiedosamente contra aqueles que, talvez de modo ingênuo, julgam poder defini-lo limitando-o a modelos institucionais.

Um novo léxico político constitui, assim, não um modismo mais ou menos vulgar, mas uma necessidade premente para todos aqueles que compreendem a desfundamentalidade própria da experiência do poder, que não se dá enquanto algo natural, mas histórico; que não se identifica necessariamente com as ideias de hierarquia, comando e separação; que não se desenvolve de maneira linear ou progressiva, mas em grande medida aleatória, o que não significa dizer que essa experiência não é dirigida ou visada por certos interesses muito poderosos.

Para quem pensa que o poder é antes de tudo potência, perfazendo o campo inesgotável de um fazer conjunto capaz de, coletivamente, mudar a ordem do mundo, a primeira e a mais terrível dificuldade consiste em ter que usar o léxico dicionarizado para expressar novas formas, estruturas e realidades políticas. Para se dar conta dessa situação, basta tentar construir qualquer tese crítica sem o uso de palavras que, a exemplo de "pessoa", "indivíduo", "direito", "revolução", "soberania", "povo", "identidade" e "esquerda", foram gestadas exatamente para solidificar certas experiências de subjetivação, fazendo com que pareçam únicas e intransponíveis, relegando qualquer outra possibilidade à inefabilidade messiânica de um não dito, de um calar-se que só acena e evoca, tal como fazia, com insistência desesperada, Walter Benjamin.

O paradoxo é cruel: para pensar e dizer o novo, só temos os instrumentos antigos que denegam em seu próprio corpo qualquer possibilidade de novidade; são os modelos linguísticos da tradição os únicos que tornam pensável a sua deposição, da mesma maneira que um falante de português só dispõe de estruturas e formas de sua língua para começar a aprender uma outra radicalmente diferente, a exemplo do chinês. Todavia, é bem conhecido dos linguistas o fato de que apenas se aprende verdadeiramente uma língua quando, abandonando os instrumentos daquela materna, aprendemos a pensar e a sentir na língua estrangeira, deixando de fazer referência à língua com a qual crescemos e que até então nos parecia completamente colada às coisas. Quando aprendemos a falar, pensamos que na palavra "pão" está todo pão real, como ilustra Jorge Luis Borges (1964) no início do poema *El golem*, que glosa uma tese platônica contida no diálogo *Crátilo*:

> *Si (como afirma el griego en el Cratilo)*
> *el nombre es arquetipo de la cosa*
> *en las letras de "rosa" está la rosa*
> *y todo el Nilo en la palabra "Nilo".*

Não dispomos de outro acesso ao mundo da política que não o dicionário que ela própria nos oferece, conformando um paradoxo segundo o qual, para pensar um fora, precisamos afirmar um dentro absoluto. A tão discutida ideia de violência pura de Benjamin (1991b) tenta ser uma resposta a esse paradoxo, pois assim como o caráter destrutivo, a *reine Gewalt* apenas abre espaço para o que virá, operando um tipo de terraplenagem teórico-crítica que, arrasando o antigo, sabe que quem o fez não pode propor o novo, sob pena de repetir os mesmos gestos tradicionais que se querem universais e inultrapassáveis.[2] Foi Giorgio Agamben (2012), em um belíssimo texto de juventude – publicado originalmente

---

[2] Para esta leitura de Benjamin, que tenta aproximar seu denso fragmento sobre o caráter destrutivo da sua juvenil crítica da violência, cf. MATOS (2016).

em *Nuovi argumenti* n. 17, em 1970 –, que compreendeu o caráter verdadeiramente trágico – e por isso fascinante – dessa proposta de Benjamin, que como um temível *mana* assombra toda a "tradição revolucionária", expressão que já é em si mesma um oximoro. Leiamos um dos trechos finais do artigo de Agamben:

> Há uma frase de Marx, na *Ideologia alemã*, em que a capacidade da revolução para dar um novo início à história e para fundar a sociedade sobre novas bases é explicitamente relacionada ao caráter especial da experiência que a classe revolucionária nela realiza. Marx escreve que "a revolução não é necessária apenas porque a classe dominante não pode ser abatida de nenhuma outra maneira, mas também porque somente através da revolução a classe que a abate pode conseguir liberar-se de toda a velha sujeirada e, por isso, tornar-se capaz de fundar novamente a sociedade". Ou seja, aquilo que confere à classe revolucionária a capacidade única de abrir uma nova época histórica é o fato de que, na negação da classe dominante, ela experimenta a própria negação (AGAMBEN, 2012)

Segundo o filósofo italiano, portanto, a classe revolucionária vanguardista, que abre violentamente a possibilidade do novo negando o antigo, não tem alternativa senão se autossuprimir, pois se ela realmente levar a sério sua missão histórica, compreenderá que ela própria integra e constitui o campo do antigo. Nesse sentido, a classe operária idealizada por Marx e seus epígonos é mesmo paradoxal: sendo a classe universalmente explorada, tem por missão acabar com a exploração universal, quer dizer, com a estruturação social classista da qual ela é parte inseparável. O paradoxal reside no fato de que somente enquanto classe, ou seja, uma estrutura antiga, hierárquica e historicamente determinada, os operários podem realizar seu destino que é, exatamente, inaugurar um mundo sem classes.

O problema do novo léxico político é isomórfico ao da classe revolucionária, pois apenas com o antigo léxico, que constitui propriamente nossa linguagem política, podemos pensar e construir um novo, que assim já nasce do contágio com o velho. A única solução parece ser então um suicídio, ou seja, a autossupressão revolucionária de si mesmo que Agamben antevê como tarefa da classe revolucionária e que, traduzida para a dimensão da linguagem, que é o que me interessa aqui, significa simplesmente o silêncio sepulcral de um mundo que, destruído, se cala.

Todavia, entendo que há outras possibilidades para além da autossupressão da linguagem. Para tanto, deve-se levar a sério e magnificar a sugestão de Khayati (1966), preparando um verdadeiro desvio de nossas práticas linguísticas que, obviamente e de modo imediato, redundam em práticas políticas. Precisamos aprender a brincar com as palavras e assumir uma dimensão de jogo, lúcida e lúdica, que potencialize práticas de desasujeitamento da linguagem. Uma das formas de fazê-lo se dá na filosofia, essa brincadeira séria que, em tempos que se querem pós-históricos, nos ensina, com Kafka e talvez com Marx, que a história sequer começou. De fato, "o momento decisivo da evolução humana é permanente. Por isso os movimentos espirituais revolucionários têm razão ao declarar nulo tudo que sucedeu anteriormente, já que nada ocorreu ainda" (KAFKA, 2006, aforismo 6).

Tomemos em nossas mãos o dicionário da política: suas palavras podem ser tornadas pré-históricas, apontando para algo que as supera, que brinca com elas e por isso as pode desativar no mesmo momento em que as enunciamos. Trata--se da estratégia paulina, já referenciada por Agamben (2012, pp. 86-87) em mais de uma ocasião, de fazer *como se não fizesse*, o que só tem sentido se guardarmos bem no fundo de nossas almas a certeza de que não há certezas, a certeza de que tudo que existe não apenas merece perecer, mas que vai perecer; porque tudo é arranjo humano, tudo é ato de uma potência que jamais se esgota; tudo é provisório e precário e por isso mesmo pode – e neste "pode" está todo o sentido verbo-nominal de *poder*, de política – ser diferente.

Realizemos agora um exercício que diz respeito ao *indizível da política*, ou seja, àquela dimensão coletiva de construção precária de precariedades. Por se opor a todos os modelos políticos efetivamente existentes, tal exercício não consta nem nunca constará de nenhum dicionário. Essa permanente ausência é colmatada, contudo, por algumas palavras mais ou menos oblíquas do dicionário. São elas: democracia, anarquia e desobediência. Isoladas e traduzidas em estruturas e eventos ditos "reais", essas três palavras parecem se contradizer e se autoanular. A democracia, por exemplo, seria o contrário da anarquia, e a desobediência indicaria uma situação-limite em que a primeira se transformaria na segunda. Todavia, a tese que perpassa este livro é que essas palavras, se compreendidas a partir de um ponto de vista crítico-radical, significam a mesma coisa. Sem serem sinônimas, elas apontam para aquilo que chamei de indizível da política – que não está em nenhum dicionário de práticas e ideias correntes –, só sendo então compreensíveis em sua radicalidade na medida em que se reenviam umas às outras e assim podem continuamente se autossuprimir, indicando que a política é uma tarefa que nunca diz respeito à fundamentação do poder, mas antes à sua radical e constitutiva falta de fundamento.

Isso fica muito claro já na formação grega da palavra "democracia" que, como bem notou Luciano Canfora (2012), não poderia evocar nada muito bom na cabeça daqueles que a inventaram e puseram em circulação, ou seja, os aristocratas atenienses. No vocábulo "democracia" está em jogo desde o primeiro momento uma forma violenta de poder, pois ele é formado pela raiz *krátos*, que indica um poder que se impõe pela força, ao contrário de outras palavras políticas com raízes mais nobres, como *arkhé*, que gera "monarquia" e "oligarquia", as quais evocam experiências fundamentadas, antigas e tradicionais.[3] O que se articula então entre o violento *krátos* e a vetusta *arkhé* é uma percepção bastante aguda acerca da infundamentabilidade do poder, o que as classes dominantes atenienses sentiam como uma ameaça ao *status quo* que ocupavam graças à tradição, ao sangue, à religião ou ao dinheiro. Em razão disso, não puderam nomear a nova forma de organização política com a raiz *arkhé*, reservada à tradição, percebendo que o poder democrático se impunha para além de todo e qualquer título e, por isso mesmo, era sem fundamento. Mais ainda: seu único e radical fundamento, que não exige nenhum outro e basta a si mesmo, reside na própria falta de fundamento. O fato de a palavra que indicava a forma de governo preferida pelos detratores da democracia – qual seja, a aristocracia – ser construída com base na mesma raiz *krátos* revela apenas a efetiva compreensão dos aristocratas acerca do próprio poder, que,

---

[3] Para uma discussão sobre as raízes linguísticas com que se construíram as palavras gregas que hoje indicam as clássicas formas de governo, cf. OBER (2008).

ainda que tenha base violenta, não deixa de ser fundamentado, o que se confirma pelo uso do termo *áristos*, os "melhores", aos quais a nascente democracia pôde opor apenas a realidade artificial dos *demói* recentemente reconfigurados pelas reformas de Clístenes em 508 a.C.

Assim, em um evanescente dicionário de filosofia radical que nunca existirá, a tradução mais exata de democracia não seria "governo do povo", esse horrível oximoro cuja simples enunciação já denuncia sua impossibilidade, mas sim "poder sem fundamento". É exatamente esse caráter desfundamental que particulariza a democracia, que não é, portanto, uma forma de governo entre outras ou uma técnica quantitativa para a tomada de decisões ou a seleção das elites governantes. Como corretamente concluiu Jacques Rancière (2005), a democracia não será jamais perdoada porque expõe a radical falta de fundamento do poder e, por isso, encarna o fundamento mesmo de todo poder. Todas as formas de governo – das antigas aristocracias e monarquias até às modernas tecnocracias e midiocracias – precisam se justificar, precisam apelar para um título que convença a grande maioria a se deixar governar. Seja o mais sábio ou o mais rico, o mais nobre ou aquele que é filho ou representante de Deus, toda forma de governo exige justificação porque, no fundo, ela é injustificada diante da evidência da igualdade dos membros do *démos*. Só a democracia, por não ter fundamento, é em si mesma autojustificada. Ela não tem fundamento simplesmente porque ela é o fundamento mesmo, já que, ao invés de responder à milenar pergunta – por que um ser humano deve obedecer a outro? –, ela simplesmente a denega ao afirmar o caráter não originário, não transcendente e não tradicional de qualquer comunidade humana, que é sempre uma comunidade qualquer, ou seja, uma comunidade da potência, uma comunidade *an-árquica*. Ora, se a democracia é *an-árquica*, sem *arkhé* e sem fundamento, potencial e nunca totalmente atual, a desobediência se revela como sua experiência mais característica, sendo a paixão central que a potencializa, que a traz para a potência, dado que só seres livres desobedecem; e desobedecem juntos, pois entre comunidade e potência há um nexo constitutivo, como nota Agamben:

> Comunidade e potência identificam-se sem resíduos porque a inerência de um princípio comunitário em toda potência é função do caráter necessariamente potencial de toda comunidade. Entre seres que estivessem desde sempre em ato, que já fossem sempre essa ou aquela coisa, essa ou aquela identidade, e tivessem esgotado, nelas, inteiramente sua potência, não poderia haver nenhuma comunidade, mas apenas coincidências e partições factuais. Só podemos comunicarmo-nos com os outros por meio daquilo que, em nós, assim como nos outros, permaneceu em potência, e toda comunicação (como Benjamin tinha intuído sobre a língua) é, antes de tudo, comunicação não de um comum, mas de uma comunicabilidade. Por outro lado, se houvesse um único ser, ele seria absolutamente impotente, e onde há uma potência, ali já somos sempre muitos (assim como, se há uma língua, ou seja, uma potência de falar, não pode haver um único ser que a fala) (AGAMBEN, 2012, p. 269).

Como demonstrou Rafaelle Laudani (2011), a tradição do pensamento político-jurídico ocidental revela sua feição conservadora ao ser incapaz de conceber a experiência disso que muito imperfeitamente chamamos de "desobediência", pensável somente por meio de uma palavra que, com o prefixo des-, evoca aquilo que, em nossa cultura, ocupa o lugar de categoria central e originária: a obediência. Assim, só conseguimos pensar a desobediência negativamente, a partir da falta de algo que parece ser precioso e necessário. Todas as grandes obras do pensamento político-filosófico giram em torno da obediência, surgindo a desobediência apenas de modo marginal e secundário, sempre atrelada, até mesmo verbalmente, à experiência do comando bem sucedido. Sim, porque obediência não é mais do que um eufemismo para indicar que a separação ocorreu, que a hierarquia se impôs, que a ordem foi acolhida, que o fundamento fundamentou.

Ao contrário, quando a separação e a hierarquia que dela resulta são afastadas em nome do comum, a ordem entra em curto-circuito e o fundamento não mais fundamenta; vivenciamos então essa experiência que só de maneira muito inexata chamamos de desobediência e que precisamos urgentemente batizar com outro nome capaz de indicar o *munus* comum dos seres precários que somos. A partir de então, novas práticas políticas se tornarão possíveis. Com efeito, certa vez o ativista estadunidense Howard Zinn (1970) notou que o problema não é a desobediência civil, mas sim a obediência civil. Ele está totalmente certo e sua diatribe leva a pensar como seria uma tradição político-jurídica centrada não na experiência da obediência, mas na da desobediência. Nela algo como Auschwitz seria não apenas impossível, mas impensável, e todas as principais categorias que hoje conformam o corpo aflitivo do direito – sanção, norma, dever, propriedade, culpa etc. – perderiam sua centralidade e operacionalidade, abrindo espaço para algo que, se ainda quisermos chamar de direito, seria muito diferente da experiência de servilização e aristocratização que hoje atende por esse temível nome.

A democracia precisa ser entendida enquanto espaço de desobediência porque ela é uma *an-arquia*. Com essa palavra não pretendo fazer referência a nenhuma das correntes históricas do anarquismo, pelas quais tenho, no entanto, o maior respeito. A *an-arquia* – que grafo assim, com a raiz *arquia* evidenciada pela sua concomitante separação e junção com o prefixo de negação – não é uma doutrina política, não é socialista nem de esquerda, estando muito além desses rótulos que, girando no vazio, exigem sempre a presença de seus polos opostos – capitalismo e direita – em uma espécie de hostil fraternidade que mantém a máquina antropológica funcionando. A *an-arquia* é bem mais exigente do que o anarquismo, dado que não pretende negar o poder, seja em perspectiva individual como Stirner ou coletiva como Bakunin. Diferentemente, a *an-arquia* quer trazer à tona o poder, não o separar, o hierarquizar e o tratar ao final como coisa natural e dada, sob o nome de direito. *An-arquia* é o nome e o destino da democracia, é o verbete que substitui a obediência em nosso inexistente dicionário de filosofia radical e revela o secreto vazio que preexiste em relação à máquina, ou seja, a radical ausência de fundamento que torna democrático o poder.

Nessa perspectiva, a *an-arquia* é o princípio que se opõe ao *nómos* identificado por Carl Schmitt (1950), essa ordenação que pretende reproduzir a fixidez da terra e legitimar a autoridade do soberano que a delimita e a atribui. Se o *nómos* é da ordem da fronteira e da linha militar, a *an-arquia* indica exatamente a imanência de uma experiência comum dos seres viventes que não se deixa aprisionar nos códigos jurídicos, lutando por uma ausência de limites e uma experiência da inteireza da realidade, sem a mediação da soberania e do comando. Por isso mesmo, a *an-arquia* se confunde com a democracia, sempre desobediente diante daqueles que brandem seus títulos de domínio, suas bulas papais, seus diplomas e certidões cartorárias. Diante do *uti possidetis* que os senhores deste mundo pretendem fazer valer como título permanente do direito de governar, a *an-arquia* trabalha em escala microfísica para fazer de toda propriedade e de toda culpa *terra nullius*, quer dizer, terra de ninguém, terra do uso, terra que é mar e, portanto, inapropriável.

Viver uma vida *an-árquica* (sem fundamento) e desobediente (sem hierarquia, sem divisão nem comando) significa então compreender que não há nenhuma vocação a realizar, nenhum destino histórico a concretizar, nenhuma ética natural a efetivar, nenhum dever a cumprir, havendo apenas a vida da potência, na qual as possibilidades se abrem diante do ser, que não precisa forçosamente realizar nenhuma delas; e é neste não-dever estrutural que reside sua específica dignidade, jamais em construções determinantes e privativas que, a exemplo dos direitos humanos e da democracia representativa, traçam desde já e sempre um caminho fechado a ser integralmente percorrido, ainda que o preço dessa "metodologia" seja quase sempre a negação do princípio retórico que aparentemente fundamenta tais ideias. É só assim que podemos compreender porque na terra dos direitos humanos e da democracia representativa – termos centrais do atual dicionário da política – se deu a mais crua negação dos valores que os fundamentam, seja mediante a empreitada multissecular da colonização, seja, em nível caseiro, por meio dos campos de concentração e de extermínio, que, já foi dito com perspicácia, são realmente imperdoáveis e criminosos para uma sensibilidade europeia somente por ter trazido para dentro do velho continente, especialmente para a sua porção mais desenvolvida e "humanista", uma tecnobiopolítica – na verdade, uma necropolítica – já praticada há muito tempo nas Américas.

Não são mais direitos humanos – que sempre exigem, como operativos do Estado de Direito que são, mais violência instituidora, mais polícia, mais julgamento; em uma palavra: mais direito – ou um aprofundamento das técnicas da democracia representativa – desde sempre condenada a separar violentamente o vivente e a política, ou seja, a vida e a sua forma-de-vida – que podem nos possibilitar espaços alternativos nesta época. Por mais que não admitam muitos de seus defensores, o que esses e outros dispositivos continuamente realizam é apenas reafirmar, com virulência cada vez mais clara, a regra inabalável de um dicionário fechado em que a perigosa palavra "progresso" brilha em todas as páginas, indicando que, apesar de tudo, apesar dos massacres, dos *pogroms*, das purgas e da Ku Klux Klan, apesar dos Bolsonaros e dos Trumps que crescem a cada dia em nossas casas e consciências, apesar de 522 anos de escravidão, apesar do feminicídio crescente e galopante, apesar de 1/3 da humanidade não ter acesso à simples água pura, apesar da guerra fria e da perspectiva diária de um inverno nuclear, apesar de 11 pessoas decidirem no Brasil o que é a justiça, apesar de Marx na "prática" ter virado Stálin, apesar da cura *gay* e da escola sem partido, apesar dos mendigos queimados vivos nas ruas de nossas cidades, apesar disso tudo e de muito mais, estamos no caminho certo. Chega. É hora de acordar dos sonhos da razão, do sono da razão, e entender que a riqueza de uma civilização, que a riqueza de uma espécie – *homo sapiens*, em nosso caso – não está naquilo que ela fez, mas propriamente naquilo que ela ainda não fez, naquilo que ela *pode* fazer, no fato de nenhum caminho estar vedado por Deus ou pela natureza, mas antes por nossos próprios preconceitos, medos e comodismos diante de um mundo que implode.

Em uma época de servidão intelectual universal como esta que nos coube viver, não é pequena a ousadia daqueles que ousam pensar fora da cartilha, ousam ser mal compreendidos e rotulados, ousam não se curvar aos verbetes do dicionário posto por aqueles que acham que, apesar de tudo, estamos no caminho certo porque é o único caminho. Contra esse tipo de escravidão espiritual, o que temos agora a oferecer é muito pouco, muito modesto e até mesmo ridículo. São só palavras. Mas caberia aqui lembrar não apenas o óbvio fato de que as palavras mudam os seres humanos e estes mudam o mundo. É salutar também invocar Khayati (1966) uma vez mais e, fazendo-lhe um *détournement*, reconhecer que não é preciso mais do que um instante para passar das palavras aos atos.[4]

Este livro corresponde à tentativa de criticar radicalmente o léxico político empobrecido a que nos acostumaram e pensar outros, calcados na experiência da *an-arquia*. Para tanto, a obra se organiza em verbetes duais, buscando não os renovar, mas desativá-los mediante o atrito que produzem para que possamos acessar o que está entre eles, no limiar, e que tem possibilitado à máquina do poder girar no vazio.

---

[4] A frase original de Mustapha Khayati no texto já citado é: "É necessário apenas um passo para ir das palavras às ideias".

Vamos, então, às palavras, esperando que elas desabrochem em atos. Comecemos com o que há de mais essencial: nossas inessencialidades, ou seja, morrer e falar; e algo que talvez seja só nosso: expressar nossa própria finitude.

MORTE E LINGUAGEM

Comprar a vida, subornar a morte

A criogenia, popularmente conhecida como congelamento humano, é um processo de vitrificação no qual os fluídos corporais são mantidos em um estado que não é sólido nem líquido, mas semelhante ao do vidro. O corpo é paulatinamente refrigerado até à temperatura de -196ºC, fazendo com que o processo de deterioração e envelhecimento pare. Para tanto, o sangue é drenado e substituído por um líquido crioprotetor de glicerina chamado de M-22. Ele impede a formação de cristais de gelo que danificariam de maneira irreparável as células. O corpo é então refrigerado e depositado de cabeça para baixo – precaução adicional para preservar o cérebro em caso de vazamento – em um tanque de nitrogênio líquido. Dessa maneira, ele se mantém nas mesmas condições durante anos e poderia ser reanimado no futuro, possibilidade ainda puramente teórica para o organismo como um todo, mas já efetiva para órgão isolados. Esse bizarro procedimento atrai pessoas portadoras de graves doenças terminais que ainda não têm cura no presente, bem como curiosos que querem saber como o mundo será daqui a, digamos, duzentos anos. Em tese, a criogenia inclusive geraria uma espécie de quase imortalidade, pois o interessado poderia ser indefinidamente congelado e descongelado – por exemplo, de dois em dois anos – e assim viver por séculos.

Nos EUA existem duas empresas – a Cryonics Institute em Michigan e o Alcor Life Extension Foundation no Arizona – que oferecem o serviço, inclusive com a guarda dos corpos congelados. Há ainda uma empresa russa, a KrioRus de Moscou. Mais de trezentas pessoas já se submeteram à criogenia. Entre elas está James Bedford, professor de Psicologia da Universidade da Califórnia. Morto em 1967 com 73 anos, ele foi o primeiro humano a ser submetido ao processo. Há ainda outros famosos congelados, como o jogador de beisebol Ted Williams, "morto" em 2002; o físico que ideou o processo de criogenia, Robert Ettinger, refrigerado em 2011; e Hal Finney, um importante programador de *bitcoin*, "preservado" em 2014. Obviamente, o que essas pessoas têm em comum, para além da vontade de vencer a morte, é o fato de terem sido (ou serem, se a criogenia der certo) ricas ao extremo. O custo do processo varia de acordo com a idade e o estado de saúde do interessado, sendo o valor médio de 200 mil dólares. Há uma versão mais barata, cujo "investimento" é de cerca de 80 mil dólares e consiste na preservação apenas da cabeça, que supostamente poderá ser reimplantada em um clone ou em uma máquina do futuro.

O processo de criogenia é a figura perfeita para ilustrar a luta que os poderes políticos e econômicos mantêm contra a morte. Ao transformar a vida em *commodity*, a criogenia promete impedir o corpo de morrer, estendendo assim uma existência sem qualquer qualidade de maneira indeterminada, e esvaziando o corpo de toda relação e de todo sentido ao torná-lo imune à linguagem. Ainda que os poderes políticos e econômicos não possam escapar da linguagem, como construtos humanos que são, eles se julgam capazes de domá-la na mesma medida em que precificam e petrificam a vida. Mas será possível algo como uma vida sem morte?

O franquista e a desconstrução

É de triste memória na Espanha o dito *viva la muerte*, que hoje não deveria gerar mais do que asco, mas que dolorosamente serve para evocar as derivas necropolíticas de países como o Brasil de Bolsonaro e os EUA de Trump (ainda que ele não seja mais o presidente oficial), especialmente se a locução for retomada em sua forma completa e dentro de seu contexto histórico. De fato, a frase é *¡muera la inteligencia, viva la muerte!*, dita pelo general franquista José Millán-Astray em 12 de outubro de 1936 na cerimônia de abertura do ano letivo da Universidade de Salamanca.

Anotemos que pouco importa se essa frase foi dita ou não por Millán-Astray, tal como sustentam muitos estudiosos. O importante é que ela já entrou para o imaginário histórico, e não só espanhol, mas também mundial. Pois bem, se pudermos por um instante suspender a repulsa diante da segunda parte da frase, o que admito ser difícil, talvez consigamos perceber seu caráter paradoxal, que tem muito a dizer sobre nossa condição humana – operação que, evidentemente, só pode ser feita com o auxílio da inteligência, algo muito distante de figuras como Millán-Astray, Franco, Bolsonaro e Trump. Com efeito, a expressão *"viva la muerte"*, ao ser analisada gramaticalmente, dá lugar a duas interpretações possíveis. A primeira, mais banal, parte de uma espécie de frase feita que se usa para elogiar, celebrar ou encorajar algo ou alguém, tal como em "viva a anarquia" ou "viva a república", e esse certamente foi o único sentido que passou pela cabeça fascista de Millán-Astray. Nesse primeiro significado, o oposto da locução se constrói com a expressão "abaixo a/o", como em "abaixo a ditadura" ou "abaixo o presidente". A segunda leitura é muito mais interessante. Nela o "viva" deve ser rigorosamente entendido como forma imperativa do verbo "viver". Nessa hipótese, estamos diante de uma expressão que, se dirigindo à morte, ordena que ela viva, ou que, se dirigindo a um sujeito oculto, recomenda-lhe que viva a morte, ideias que à primeira vista parecem totalmente ilógicas. Um simples procedimento desconstrutivo aprofunda ainda mais a estranheza, já que o oposto da locução é plenamente compreensível e até mesmo cotidiano: "morra a vida". Nesse caso, trata-se de uma ordem dirigida à vida determinando seu fim, fenômeno bem conhecido. Mas e a frase "viva a morte", em relação à qual a desconstrução aprofundou a estranheza? Como é possível conceber um comando que determine a vivificação da morte, apontando para um tipo de morte em vida, ou melhor, para uma morte que começa ou volta a viver, animada pelo *fiat*, pela ordem vinda não se sabe de quem ou de onde? E, no entanto, é essa figura paradoxal que guarda uma das chaves supremas para a compreensão da situação humana, ou seja, dos únicos seres que conscientemente representam para si a morte.

Em termos simples: nós somos a morte em vida porque sabemos que vamos morrer, diferentemente dos outros animais que, por mais que temam e evitem a morte, dela não têm conhecimento, vivendo em uma espécie de eternidade impessoal e contínua similar àquela existente no paraíso do *Gênesis* judaico-cristão. E por que, ainda que a padeçam inevitavelmente como tudo que vive, os animais não conhecem a morte? Falta-lhes a linguagem para tanto. E aqui não há qualquer preconceito antropocêntrico ou heideggeriano baseado na suposta "pobreza de mundo" do animal (HEIDEGGER, 2010, p. 31). A vivência dos animais, a sua sagrada inocência e a sua perene permanência no paraíso – o que uma ética pós-humanista coerente deveria reconhecer como a melhor e talvez a única razão para protegê-los e não explorá-los – pode muito bem ser compreendida como um traço de superioridade diante do pobre ser humano que, sabendo que vai morrer, todo dia morre um pouco, ainda que finja se esquecer disso. Além do mais, é óbvio que muitos animais – talvez todos, talvez até mesmo as plantas, como demonstram, cada qual a seu modo, Stefano Mancuso (2019) e Emanuele Coccia (2018) – conhecem algo como uma linguagem. Mas não uma linguagem da morte, não uma linguagem que lhes permita, mais do que comunicar a morte, como eventualmente um fiel cão pode fazer diante do cadáver de seu dono, *experimentar* a morte. Nisso reside a graça e a maldição do humano, pois a experimentação linguística do nada nunca é plena. E mais: a provocação dos limites da existência não *mediante* a linguagem, mas *na* linguagem, é dificilmente comunicável, como sabem todos os místicos e poetas inspirados, de Arnaut Daniel a Paul Celan, do Pseudo-Dionísio Areopagita e Mestre Eckhart a Hilda Hilst e Rainer Maria Rilke. A linguagem humana, mais do que um sistema de signos capazes de descrever ou mesmo criar realidades performativas, é o que torna possível para nós morrer de verdade, o que, como veremos, significa viver. Isso me lembra uma anedota contada por Giorgio Agamben, que ao comentar com Elsa Morante que estava escrevendo um livro sobre a linguagem e a morte, dela recebeu a significativa resposta: "A linguagem e a morte? Mas a linguagem é a morte!" (AGAMBEN, 2014, p. 211).

Morte (des)(cons)tituinte e *phármakon*

Ao compreendermos que somos um tipo de morte em vida, ou seja, que a morte não pode nem deve ser afastada de nossa existência, podemos reinterpretar o célebre dito de Epicuro, que trouxe conforto a tantos seres humanos na Antiguidade: "Se somos nós, não é a morte. Se é a morte, não somos nós".[5] Com sua máxima, o filósofo queria explicar que, enquanto estamos vivos, exatamente por não estarmos mortos, não devemos nos preocupar com a morte. Por outro lado, quando se está morto não há uma consciência individual que pense a morte, de modo que ela não existe para quem morre e não pode ser motivo de angústia. Mas acabamos de dizer que a morte está incrustada em nós, faz parte de nós tanto quanto a vida. Nesse contexto, é preciso reler a sentença de Epicuro, funciona como um verdadeiro *phármakon* no sentido original dessa ambígua palavra helênica.

Para os gregos, *phármakon* pode significar tanto remédio quanto veneno (DERRIDA, 2020). Aliás, o que separa ambos não é a substância em si, mas a dosagem. Daí a conhecida fixação dos gregos pela noção de meio termo, a *mesótes* de que fala, por exemplo, Aristóteles. De fato, apenas mediante o meio termo, ou seja, o ponto de equilíbrio, pode-se separar a virtude e o vício, o remédio e o veneno. Assim, uma visão de nós mesmos que entenda a morte como algo totalmente afastado e impróprio seria para um grego algo vicioso e venenoso. Nessa perspectiva, se prestarmos atenção ao dito de Epicuro, perceberemos que ele não nos afasta da convivência com a

---

[5] Eis a expressão algo simplificada que a tradição nos legou da segunda máxima supostamente da autoria de Epicuro, que reza: "A morte nada é para nós, pois aquele que está decomposto nada sente, e o que não é perceptível nada é para nós" (EPICURO, 2020, p. 127).

morte, pois o próprio fato de pensá-la como algo distante e impessoal a torna, paradoxalmente, própria e constitutiva de nós mesmos, e é somente por essa razão que a frase pode ser reconfortante e funcionar como remédio e não como veneno. A grande questão, portanto, diz respeito à medida, à dosagem da invasão da vida pela morte, não caindo nos vícios opostos, que consistem em negá-la completamente, como pretendem os milionários que se congelam para aguardar tempos melhores, ou em celebrá-la estupidamente, como fazem os fascistas inspirados em Millán-Astray.

Encarar a morte como um "fora" em razão de sua suposta irrepresentabilidade e de seu caráter não experienciável me parece inadequado. Entendo que a morte é *uma abertura para um dentro*, ou melhor, um limiar em que dentro e fora se confundem, de maneira semelhante ao que ocorre com o rosto, objeto de profundas reflexões de Levinas (2014). Nesse contexto, parece revelador que, com exceção dos momentos em que estamos diante da alucinante dimensão do espelho, jamais vemos nosso próprio rosto, que por isso pertence muito mais aos outros do que a nós; ou seja, o rosto é um exterior. Todavia, as expressões que esse rosto desapropriado ostenta são frutos de nossos sentimentos e emoções, quer dizer, de dimensões totalmente internas. O rosto emocionado – e invisível para nós – é então uma zona de indeterminação, um limiar entre interior e exterior, dentro e fora, exatamente como nossa própria morte, que não vemos nem experimentamos, mas que ainda assim opera continuamente em nós, ao mesmo tempo nos constituindo e nos desconstituindo. Como negar que a cada dia estamos morrendo e que esse processo de morrer é o que chamamos de vida? Assim como o rosto, a morte suspende o dentro e o fora ao fazer um transitar pelo outro de modo incessante. Dessa maneira, aquela longa tradição que, a partir de uma leitura demasiado literal de Epicuro, entende que a pessoalidade ("se somos nós") é a chave para enfrentar a morte ("não é a morte"), deve ser resolutamente rejeitada. A morte não é algo nem pessoal nem impessoal, mas um evento sempre presente que se revela nas fraturas da linguagem, a única via que temos para experimentar nossa própria morte e sermos livres. É por isso que os poderes políticos e econômicos lutam incessantemente contra a linguagem.

Sair da linguagem

Mas o que, de fato, significa morrer? É evidente que essa pergunta pode ser respondida por meio dos mais variados pontos de vista, o que indica que não pode ser respondida como gostaríamos. Se consultamos as ciências médicas, ou seja, aquele campo do saber que se pretende o mais rigoroso, logo percebemos que se trata do mais nebuloso. Agamben demonstrou em *O poder soberano e a vida nua* (2010, pp. 167-172) como a definição médica da morte depende diretamente das tecnologias que sustentam a vida. Assim, se no passado o critério mais tradicional para declarar a morte do organismo era a ausência de pulsação e de batimentos cardíacos, logo que se descobriu como manter o sangue artificialmente circulando pelo corpo se passou a um novo critério. Em nosso tempo, quando as técnicas de manutenção da chamada vida vegetativa evoluíram a tal ponto que permitem a um corpo em coma permanecer com o coração pulsando e os pulmões respirando, se avançou para um outro critério, agora ligado à morte cerebral. Agamben conclui, em um gesto perfeitamente complementar ao de Xavier Bichat

(1962, p. 43), que a morte é um epifenômeno das tecnologias de sustentação da vida, de maneira que quanto mais estas evoluem, mais longínqua se torna a fronteira da morte. Com efeito, se para o ilustrado fisiólogo francês do século XVIII a vida constitui o conjunto de funções que resiste à morte, Agamben sugere que a morte é a dimensão que surge quando falham as tecnologias de manutenção da vida.

Em outra perspectiva, distante da (in)decibilidade médica, pode-se dizer com mais precisão que morrer significa sair da linguagem. Eis porque que várias culturas só aceitam que um indivíduo morreu quando já não se fala mais sobre ele, ou seja, quando ele é definitivamente esquecido. Na aula de 17 de março de 1976 do curso que leva o irônico título original *É preciso defender a sociedade*, essa saída da linguagem é lida por Foucault (2005, p. 295) como a passagem de um regime de visibilidade da morte para um de intimidade e segredo. Segundo o filósofo, com o relativo enfraquecimento dos regimes soberanos, dominantes nos inícios da Modernidade, em favor daqueles biopolíticos hoje triunfantes, a morte deixou de ser algo público. Antes a morte era exibida e exigia todo um cerimonial de visibilização, como demonstram os rituais de últimas palavras, os testamentos ou mesmo os suplícios públicos dos criminosos infames, passando hoje a ser algo privado, íntimo e quase vergonhoso. Para Foucault, essa mudança se deu em razão da transformação das tecnologias de poder, pois o que antes conferia brilho à morte era a passagem de um certo poder a outro, notadamente do poder soberano do rei, ao qual estava submetido o súdito, ao poder de Deus, a quem ele era entregue depois da morte. Assim, se a soberania pode ser sinteticamente definida como o conjunto de dispositivos que "fazem morrer e deixam viver", é óbvio que a ênfase recaí na morte, sendo a vida apenas um resto. Ao contrário, com a progressiva hegemonização da biopolítica, que quer "fazer viver e deixar morrer", essa relação se inverteu, pois agora se pretende cuidar, gerir e (re)produzir a vida (de alguns) a partir de um ponto de vista estatístico, no qual o indivíduo não tem muita importância. Nesse modelo, que ainda é o nosso, a morte (e não a vida) seria o resto e, encarada como algo privado, de certa maneira escaparia do poder, aparecendo apenas como termo final da vida, ou seja, limite e extremidade do poder. Segundo Foucault, nas sociedades biopolíticas a morte "está do lado de fora, em relação ao poder: é o que cai fora de seu domínio, e sobre o que o poder só terá domínio de modo geral, global, estatístico. Isso sobre o que o poder tem domínio não é morte, é a mortalidade" (FOUCAULT, 2005, p. 296).

Apesar de todas suas precauções metodológicas, Foucault parece aqui se conectar de modo acrítico a uma antiquíssima tradição que vem dos estoicos, segundo a qual a morte individual seria um campo imune ao poder, pois todo poder, para ser exercido, precisa de um substrato material vivo. São famosos, por exemplo, os vários trechos em que o escravo Epicteto ou o senador Sêneca zombam dos poderosos, sustentando que o caminho do suicídio equivale a uma garantia de autonomia diante de seus desmandos, configurando assim um tipo de porta sempre aberta para a liberdade. Orgulhoso, Epicteto chega a dizer a seu amo que não cumprirá suas ordens. Ao ser confrontado com suas ameaças de morte, o escravo responde que se seu senhor o matar, terá apenas um cadáver, nunca a sua obediência. De certa forma, parece que Foucault se alinha a essa corrente, que vê na morte individual a salvaguarda de uma dimensão fundamental da liberdade que estaria fora do âmbito do poder. Contudo, se isso pôde ter algum sentido na Antiguidade, parece-me que hoje a situação é muito diferente, já que a morte – tanto individual quanto coletiva – surge não como algo fora do poder, e sim como sua expressão mais característica. É o que sustentam as teses tanatopolíticas de Agamben e as necropolíticas de Mbembe. Este último, inclusive, em seu conhecido ensaio *Necropolítica*, toma distância crítica de Foucault ao afirmar sem meias palavras que a política é o trabalho específico da morte (MBEMBE, 2016, p. 127). Retomando algumas ideias de Georges Bataille, Mbembe entende a soberania – que para ele não se enfraqueceu ou se colocou em segundo plano na contemporaneidade – como a transgressão dos limites que impedem o assassinato. Dessa maneira, propriamente política é a ultrapassagem do tabu que proíbe os seres humanos de se matarem.

Economia da morte

Ademais, ao pressupor que a morte individual escapa de alguma maneira das malhas do poder, Foucault parece assumir, em aberta contradição com seu próprio pensamento dedicado à crítica do neoliberalismo, uma compreensão muito limitada do poder, entendendo-o apenas a partir de um ponto de vista político, quando na verdade é o poder econômico que gerencia e faz render a morte, tal como vimos na discussão sobre a criogenia. De fato, o poder neoliberal biopolítico só pode operar a partir de uma estreita relação com a morte, inserindo-a na matriz geral do pensamento econômico segundo a qual os bens são escassos. Ora, se a vida é o maior dos bens, nada impede que ela entre na equação da famosa "ciência dos bens escassos", como se a vitalidade fosse uma espécie de recurso ou insumo raro que leva os seres humanos a competirem mortalmente, de maneira que a vida de alguns depende da morte de outros. O próprio Foucault reconheceu esse dispositivo, conceituando-o como "racismo de Estado" (FOUCAULT, 2005, p. 304 *et seq.*), mecanismo de gestão social pelo qual a maximização da vida de certa comunidade – os arianos, digamos – depende do extermínio de outras vidas tidas por competidoras e parasitas – os judeus, por exemplo. Trata-se, na verdade, do princípio básico do neoliberalismo, que ao pressupor uma competição universal, determina que uns só podem viver enquanto outros morrem, ou melhor, uns vivem às custas da morte dos outros, como ilustra muito bem o processo colonial necropolítico estudado por Mbembe. Essa lógica, que faz a vida de certo grupo social depender da morte de outro, constitui a resposta à pergunta que Roberto Esposito chamou de "enigma da biopolítica": como um poder que pretende gerir e maximizar a vida (biopolítica) pode rapidamente se tornar um poder que destrói a vida (tanato- e necropolítica)? (ESPOSITO, 2010, pp. 29-71).

Assim, percebemos que a morte é essencial para a economia da vida, ao menos enquanto esta for encarada biopoliticamente, ou seja, como recurso escasso sempre disputado pelas crescentes massas humanas. Eis aí, a meu ver, uma das claras limitações do pensamento biopolítico neoliberal, que ao compreender a vida como uma "coisa", uma "entidade", um "ser", torna possível sua imediata conversão em *commodity*, em bem escasso a ser apropriado, inclusive violentamente. Para escaparmos dessa fatal máquina bipolar, urge pensar a vida – e, por consequência, a morte – a partir de um ponto de vista diferente, que não a enxerga como coisa, mas como processo no qual a morte participa de maneira constitutiva. A vida não *é* algo, mas sempre *está sendo* algo, está se construindo, se desenvolvendo, se multiplicando e se perdendo. Contra a imagem da vida reduzida a bem escasso pelo qual os seres humanos lutam mortiferamente, deve-se opor a imagem de um reservatório infinito de vida traduzido em uma potência impessoal sempre crescente e mutante de vitalidade que nega a competição e favorece a hibridação, a mescla e a mestiçagem. À ideia de um bloco limitado de vitalidade que nem todos podem acessar porque assim ele seria esvaziado e gasto, pode-se contrapor a potência imanente da vida que continuamente surge de si mesma. O nome desse pensamento (e dessa prática) ainda impensado só pode ser biopotência.[6] É a ele que devemos nos dirigir se não qüisermos rumar em direção a uma catástrofe (tanato) (necro)(bio)política sem precedentes.

Biopotência

Só um pensar da potência pode nos libertar da ilusão monocultural de um só mundo, uma só economia, uma só autoridade, um só direito etc. E isso inclui, por óbvio, aplicar a potência à biopolítica, já que esta é a forma atual com que o poder político-econômico neoliberal se desenvolve, independentemente de suas variações. Quer se trate de uma biopolítica das populações como descreveu Foucault (2009), ou de uma biopolítica da morte como aquela teorizada por Mbembe (2016), quer, finalmente, se tenha em vista uma microbiopolítica hormonal-pornô à semelhança do que propõe

---

[6] Utilizo, junto com o filósofo catalão Francis García Collado, a ideia de biopotência na obra *Para além da biopolítica* (GARCÍA COLLADO; MATOS, 2021), a qual desenvolve muitas das ideias contidas nesta e na próxima seção.

Preciado (2013) em *Testo junkie*, em todos os casos o que se percebe é o primado da produção, seja de cidadãos dóceis, cadáveres ou estilos de vida alternativos. Até mesmo a biopolítica de Hardt & Negri (2005 e 2009), centrada na produção de bens imateriais – valores, códigos, linguagens, afetos, cuidados, serviços etc. – efetivada por uma multidão de singularidades irrepresentáveis, deixa de lado a dimensão da potência para se centrar na obra e na produção. De fato, poder, ato, produção e obra são inseparáveis; seus frutos são construtos tão ferozmente defendidos quanto paradoxalmente abstratos: pessoas opostas às coisas (animais e plantas, por exemplo), direitos proprietários, história dos vencedores, tradição, representação política, pátria, moral, deus, alma etc.

É claro que não pretendo sustentar que as construções teóricas dos autores acima indicados sejam destituídas de valor ou que, pior ainda, não sejam críticas em relação ao cenário social de violência e desigualdade hoje generalizado no planeta. Quero apenas sublinhar que elas não conseguem alcançar a dimensão crítica característica da potência, ainda que muitas delas flertem com tal possibilidade. Atingir essa dimensão da potência implica assumir aquilo que é rechaçado pela tradição como "inefetivo", "subjetivo" ou "utópico". Ao contrário, na perspectiva da contínua expansão da potência, inefetivo é tudo que se pretende estável e imodificável. A consequência básica de tal assunção é que a biopolítica se converte em biopotência, abandonando os conceitos fundamentais que até agora caracterizaram o tradicional dicionário da política ocidental, tais como os de representação, cidade, pessoa e corpo individual. Todos eles funcionam, conforme ensinaram Deleuze & Guattari (1972), à maneira de sínteses disjuntivas: separam porque unem e unem ao separar.[7] Por sua vez, a potência corresponde ao reino do não separado, do contínuo, do universo sem bordas que pensavam os estoicos e que, por isso, é infinito.

Sem representação, sem sujeitos e sem direitos que lhes possam ser atribuídos, compreende-se que a cidade, verbete fundamental para o dicionário da (bio)política, deixa de ser necessária. Não se pode esquecer que a cidade constitui o local originário da separação, pois foi nela que se deu – e se dá até hoje – a experiência fundamental do ser cindido. Na cidade se separaram livres e escravos, pecado original que impregna toda política, toda biopolítica. Não por coincidência, é na cidade que se celebra ao mesmo tempo o auge da civilização e a invenção da escravidão. Segundo James C. Scott (2016), na cidade operam cisões que, na verdade, são sucessivas domesticações: das plantas, dos animais, dos prisioneiros e das mulheres.

Ao contrário do mito do progresso narrado em verso e prosa pela cultura ocidental, os primeiros impérios surgidos com o plantio em larga escala de cereais que poderiam ser estocados – gerando assim não só produção, mas acumulação e desigualdades sociais – não correspondem a sociedades idílicas em que os seres humanos escaparam da fome e da violência, mas a currais infectos cheios de doenças e das mais cruéis formas de assujeitamento. Nesse sentido, diversos dados etnográficos e arqueológicos demonstram que nas primeiras cidades conhecidas do Oriente Médio a expectativa e a qualidade de vida decaíram enormemente, em especial se

---

[7] A expressão "síntese disjuntiva" foi originalmente proposta por Félix Guattari & Gilles Deleuze, tendo sido usada por Michael Hardt & Antonio Negri em suas críticas à representação política. A ideia remonta às noções de repetição e memória desenvolvidas em DELEUZE; GUATTARI (1972).

comparadas com as taxas dos nômades "bárbaros" que, vivendo fora das cidades, se negavam a ser domesticados e "cidadanizados" (SCOTT, 2016). E contra aqueles que poderiam sustentar que isso é coisa de um passado remoto, a pandemia de COVID-19 mostra que, infelizmente, a cidade representa a face mais previsível da morte no futuro. É terrificante ler certa passagem de Bruce Chatwin (1996) em *O rastro dos cantos*, obra originalmente publicada em 1987, na qual ele narra o encontro com um jovem aventureiro húngaro que, exausto após ter escalado o Monte Athos na Grécia, põe-se a conversar com o escritor. Ele revela ser um médico epidemiologista cujos conhecimentos sobre a história das doenças infecciosas o teriam feito abandonar as cidades, lugares em que "o homem fermenta em sua própria imundície". "Pode escrever", conclui, fatalista, o húngaro, "as epidemias farão com que as armas nucleares pareçam brinquedos inúteis". Vemos hoje que ele não estava errado.

O confronto entre linguagem e morte discutido neste capítulo nos revela que a biopolítica – a *bio-pólis*, a "vida na/da cidade" – precisa se converter em biopotência. Somente assim poderemos destituir as formas de vida neoliberais que sustentam a existência de uma suposta escassez material e a consequente necessidade de acumulação, construtos ideológicos que impossibilitam não apenas uma humanidade redimida, mas uma humanidade *des-culpada*, ou seja, à qual já não se pode impor a culpa enquanto operador metafísico básico que exige, como contrapartidas, o direito, o pai e a pena. A partir dessa compreensão crítica e desconstitutiva da biopolítica pode-se superar o léxico e as práticas tanato- e necropolíticas que o mundo "civilizado" herdou e dicionarizou como se fossem insuperáveis. Com efeito, a biopotência pode abrir espaços para um poder *da* vida no lugar de um poder *sobre* a vida (ESPOSITO, 2011, pp. 50-51), ou seja, um *bíos* que não se reduz ao poder e que não se declina sob o jugo das categorias da *pólis* e de seu dicionário de política.

Um olhar biopotente contribui assim para uma filosofia da vida, ou melhor, *dxs vivxs*, daquilo que, não sendo conceito abstrato – a vida em geral –, se mostra em configurações singulares: as vivas, uns vivos, uns *quaisquer*. Tal não se resolve em mera biopolítica, pois a *pólis* de que esta deriva é exatamente o lugar em que dominam as díades, as separações e as sínteses disjuntivas e, mais tarde, a economia neoliberal que, como visto, privatiza tudo, tendo como objetivo extremo e delirante dominar a própria morte. Contra essa tendência, precisamos pensar o vivo em conjugação com o não-vivo, o qual também configura uma das potencialidades do *bíos*, libertando assim a "morte-que-vem" dos discursos e das práticas privatizantes da economia. Desse modo, poderemos construir comunidades democráticas. Todavia, é possível uma comunidade sem hierarquia, entregue a si mesma? Para o dicionário de política, a resposta é negativa, dado que comunidade, hierarquia e comando parecem estar fundidos em uma única experiência de submissão chamada de "governo". A crítica desse dispositivo constitui o objeto do próximo capítulo.

COMUNIDADE E COMANDO

Do *qualquer* ao *comum*

Em um brevíssimo ensaio de 1986 sobre Georges Bataille e o paradoxo da soberania, texto cujas principais ideais seriam retomadas na abertura de *O poder soberano e a vida nua*, Giorgio Agamben se pergunta sobre a possibilidade de uma comunidade sem sujeitos soberanos, encontrando na reflexão de Bataille um encaminhamento inicial da questão e, ao mesmo tempo, uma fronteira que parece intransponível.

Segundo Agamben, Bataille recusa toda possibilidade de uma comunidade comunista (ou schmittiana, posso acrescentar) baseada em vínculos fusionais entre seus membros que deem origem a hipóstases tais como "o povo" ou "os valores comuns" (AGAMBEN, 2012, p. 17). Nesse sentido, para negar a tendência totalitária, violenta e monossignificante "natural" a todo projeto empírico de sociedade pensado conforme o dicionário de política oficial, a comunidade batailliana carregaria em si um índice de impossibilidade, um grau de negatividade que só se resolveria na potência da comunidade dos que não têm comunidade. Trata-se da comunidade negativa dos amantes, dos artistas e, mais amplamente, dos amigos, com o que Bataille parece retomar, ainda que de modo bastante lateral, o ideal epicurista do jardim, que recomenda uma vida apolítica construída com base em afinidades eletivas entre o *eu* e os outros selecionados exclusivamente por esse *eu*.

A verdadeira comunidade seria, portanto, a comunidade de amigos, ou seja, uma comunidade dos que se veem enquanto iguais sem a necessidade de quaisquer poderes que os controlem e exijam o reconhecimento da igualdade. Agamben inclusive chega a sugerir que esse foi o projeto de Bataille junto ao grupo da revista *Acéphale*, que congregava indivíduos capazes de compartilhar os mesmos interesses sem que houvesse um líder entre eles. O símbolo do grupo indicaria, com a ausência da cabeça, não apenas uma crítica das instituições sociais baseadas no racionalismo e na chefia, mas principalmente o desejo de autoexclusão característico de seus membros, uma vontade de estar em um não-estar, com o que Agamben reconhece e aprofunda o paradoxo do soberano enunciado por Carl Schmitt (AGAMBEN, 2012, p. 18).

Desse paradoxo derivaria a impossibilidade da comunidade negativa, já que o ato dos sujeitos que a fundam exigiria, enquanto contraparte necessária, a consideração do ser soberano, capaz de se pôr em ato enquanto mantém ativas as potencialidades. Segundo entendo, tal se relaciona com a possibilidade política muito real de se construir entre os amigos um consenso por exclusão mediante a constituição de um inimigo comum, na linha do pensamento de Schmitt. Ao que parece, até mesmo em uma comunidade dos que não têm comunidade a vivência do comum traria em si um grau secreto de violência originária, traduzido na categoria identitária do inimigo, a qual possibilitaria o projeto comunitário, ainda que negativo.

Esse problema foi enfrentado por Agamben em 1990, quando escreveu o altamente críptico *A comunidade que vem*, obra em que delineia o projeto de uma comunidade *qualquer*. Já de início, o filósofo afirma: o ser que vem é o ser qualquer, ou seja, o ser que não pode ser definido tendo em vista características que apontem para propriedades identitárias, a exemplo do ser comunista, francês ou muçulmano (AGAMBEN, 1993, p. 11). O ser qualquer consiste naquele que é à sua maneira, englobando mais do que potência de ser e potência de não ser; com efeito, ele pode também *não* não-ser. Sendo ele mesmo, o ser qualquer se põe fora das redes do geral e do particular, podendo assim fundar algo como um *comum*.

Mas a pertença ao comum, essa *comun-idade*, continua Agamben citando Spinoza, é uma *comunidade inessencial*, pois não diz respeito à essência ou outras dimensões desse tipo, pois "qualquer é a coisa *com todas as suas propriedades*, mas nenhuma delas constitui diferença. A in-diferença em relação às propriedades é o que individua e dissemina as singularidades, as torna amáveis" (AGAMBEN, 1993, p. 23). Apenas nesse sentido é possível construir uma ética, conclui Agamben, ou seja, só a partir da consciência de que o ser humano não tem nenhum destino histórico ou biológico, não é nem deve ser certa essência ou substância. Se os seres humanos tivessem que ser algo, haveria deveres a realizar, não experiências éticas (AGAMBEN, 1993, p. 38).

Portanto, ser comum não significa *ser* nem *dever-ser* comunitário. Com efeito, não se pode confundir *comum* e *comunidade*. Por economia vocabular, às vezes utilizo neste capítulo o termo "comunidade", mas sempre tendo em vista que ele não se refere a qualquer teoria comunitarista anglo-saxã, sendo mais afim – mas não idêntica – às ideias de *comunidade que vem* de Agamben (1993) e de *multidão* de Hardt & Negri, para quem:

> O comum não se refere a noções tradicionais da comunidade ou do público; baseia-se na comunicação entre singularidades e se manifesta através dos processos sociais colaborativos da produção. Enquanto o individual se dissolve na unidade da comunidade, as singularidades não se vêem tolhidas, expressando-se livremente no comum (HARDT; NEGRI, 2005, p. 266).

O signo do comum é então o da multidão, não o de uma nova unidade racial, cultural ou qualquer outra, como querem as inúmeras teorias comunitaristas anglo-saxãs, que não conseguem avançar nem um passo à frente do marxismo e do liberalismo clássicos, dos quais não passam de epígonos.

Obviamente, a categoria onicompreensiva chamada de "povo" não é mais do que a outra face sangrenta da soberania, servindo na maioria das vezes enquanto expressão mágica que legitima acriticamente a autoridade estabelecida. Já a multidão corresponde a uma nova forma de inteligência social que, para os que lhe são exteriores, parece caótica, irracional e anárquica. Contudo, para os que dela participam, a multidão se identifica com uma estrutura social que tende a preservar no mais alto grau a singularidade, a autogestão democrática e a espontaneidade, opondo-se a todos os tipos hierárquicos e centralizados de usufruto do poder social, a exemplo da forma geral do Estado e formas específicas traduzidas em partidos políticos, exércitos, grupos guerrilheiros etc (HARDT; NEGRI, 2005, pp. 116-133).

O comum da multidão não se opõe à díade público/privado – pois se opor significa pertencer e se relacionar –, mas a desconhece, vendo-a como algo carente de sentido. O fato de essa díade já não ter qualquer potencial libertário ou mesmo funcional em nossos dias pode ser comprovado pela mútua conversibilidade entre seus termos, de maneira que o que é público pode passar a ser privado de um momento a outro e vice-versa. Nesse sentido, ainda que se queira preservar a significação supostamente original do público e do privado, o que se consegue é sempre algo monstruoso: ao reservar o público ao terreno do sistema social, cria-se a desculpa necessária para o incremento das medidas de segurança e de exceção, pois na sociedade de risco ninguém tem direito à intimidade e a espaços privados. Em outras palavras: quando se trata de vigiar as pessoas, tudo é público. Ao contrário, hoje o privado se relaciona exclusivamente ao sistema econômico que, por isso mesmo, se pretende livre de qualquer controle, como se o risco e o mal, em sentido até mesmo metafísico, residissem na comunidade, nunca no indivíduo. Esse poderoso mitologema foi ilustrado com clareza por Rousseau, ainda que lhe seja muito anterior. Segundo o mito do bom selvagem, é o viver em conjunto que faz nascer o mal. O ser humano isolado seria uma alma maravilhosa, vindo a corromper-se em uma espécie de demônio ao construir a sociedade, que daria lugar à multiplicidade desordenada. Talvez por isso os espíritos imundos que o Cristo expulsou de um endemoninhado tenham se apresentado sob o nome de Legião: "porque somos muitos", disseram com uma só voz.[8]

Diferentemente, o comum não se constrói com base no público e no privado. Para ser concebido, ele não precisa se relacionar ao contraste que há entre eles. De fato, a tarefa assumida pelo comum é bem diferente, pois ele pretende ser uma unidade das singularidades, possibilitando que cada um *seja* suas singularidades e, ao mesmo tempo, colabore

---

[8] *Evangelho de Marcos*, 5:9.

em projetos coletivos. E isso sem deixar de manter âmbitos de privacidade. Todavia, tais âmbitos não podem se fundar exclusivamente no direito de propriedade, como ocorre hoje no campo do privado. Da mesma maneira, os projetos comuns compartidos não devem se deixar capturar pela lógica da segurança estatal (HARDT; NEGRI, 2005, p. 265).

Se o comum não se identifica com o público ou o privado e nem mesmo pode ser caracterizado enquanto zona de indeterminação entre ambos, torna-se necessário pensar o que ele é *em si mesmo*, construindo assim uma *ontologia social do comum*. Essa tarefa precisa começar por uma crítica do trabalho, principal mecanismo de apropriação e diferenciação social.

A-nomia

Uma comunidade sem divisão social do trabalho seria aquela onde tudo é comum, na qual todos são comuns, dado que os seres viventes não se identificariam pelo que fizessem ou deixassem de fazer. Tudo poderia ser feito por todos, o que subverteria a noção de hierarquia. Eis a verdadeira configuração de uma comunidade não originária e pluricultural, que nunca houve, *utópica*, na qual está desativada a *arkhé* que divide papéis e impõe comandos. A primeira exigência e o primeiro resultado de um *an-arquia* assim seria a impossibilidade de se apropriar daquilo que é comum, o *munus* que *co*-pertence. Trata-se então não apenas de uma *an-arquia*, mas também de uma *a-nomia*, quer dizer, uma ausência de governo que desemboca em uma ausência de lei que regule a partilha do comum. Tal estrutura não dá lugar a espaços vazios anômicos; ao contrário, ela propicia o surgimento de espaços plenos *a-nômicos*, ou seja, espaços não-separadores, não-tomadores, não-apropriadores, que são de todos e nos quais já não funciona a determinação *nômica* básica que, dividindo o meu e o teu, põe e garante a ordem hierárquica.

O capitalismo é e sempre será uma ordem, o que o coloca em rota de colisão com o caráter aberto e *an-árquico* das verdadeiras *utopias do comum*. Nunca existirá algo como um anarcocapitalismo desregulado e entregue à sua autoconstrução, como predizem alguns liberais. Da mesma maneira, o capitalismo não se dirige à própria destruição, como sustentam – e candidamente esperam – vários segmentos da esquerda tradicional, para os quais seria necessário apenas aguardar que o capital imploda graças ao acúmulo das contradições que gera. Na verdade, o capitalismo nunca esteve tão ordenado, sistematizado e eficiente como nos dias de hoje, quando ele apenas *parece* estar enlouquecido. Estruturalmente ele é e sempre será uma *arkhé*, e das mais brutais, capaz de garantir que nada se desvie do plano ordenado que o sistema traça para toda a realidade que o contém.

Quando, com base em uma intuição teológico-política de Walter Benjamin, Agamben insiste em seus trabalhos que a verdade do governo é a anarquia (AGAMBEN, 2015 e 2017), está se referindo a algo diverso do que sustento aqui. Ao pesquisar a teologia medieval cristã e perceber uma cisão entre a substancialidade do Pai e a ação salvífica do Filho – o que corresponderia, no nível filosófico, à divisão entre ser e práxis –, Agamben identifica na inoperosidade da soberania o fundamento negativo da economia, conformando assim duas esferas separadas, mas interconectadas pela sua falta de relação: reino e governo. Segundo entende o filósofo italiano, o governo dos seres humanos corresponderia a um conjunto de medidas administrativas que não encontrariam fundamento na soberania do reino de Deus, correspondendo antes a atos de *management* que entregam às coisas a si mesmas. Agamben concluí que as leis gerais de Deus, traduzidas sob a ideia tardo-helenística de providência geral, não se confundem com as medidas de administração e de polícia, que evocam a noção de providência especial, a qual não se funda na geral, mantendo uma espécie de autonomia anárquica. Assim como a teologia medieval dos séculos IV e VI decidiu que o Filho não tem fundamento no Pai, sendo ambos autônomos, sem princípio e igualmente divinos, anárquicos um em relação ao outro, a polícia e a administração características do Ocidente, firmes nesse paradigma, se traduzem enquanto instâncias desconectadas da soberania e da política. O governo nasce então da inoperosidade do poder soberano, tal como o Filho age e salva apenas sob a condição de o Pai permanecer em silêncio. Daí surge a anarquia no sentido pensado por Agamben, pois os atos de polícia e administração – o governo – não se fundam em nenhum poder – o reino – que os possa fundamentar.

Como já deve estar claro, quando sustento a existência de uma ordem capitalista, utilizo o conceito de *arkhé* em um sentido bastante diverso daquele pensado por Agamben. Primeiramente, é importante frisar que concordo com sua aguda análise sobre a cisão entre ser e práxis, que, afinal, está na base da compreensão da filosofia enquanto pensar alheio às condições reais de produção e de reprodução social, o que inclusive permite o contínuo desenvolvimento do que chamo de "dicionário de política oficial". Por seu turno, a proposta de uma filosofia radical se refere a uma filosofia na qual ser e práxis, pensar e fazer, discussão e decisão integram uma única realidade, desativando assim o que o próprio Agamben chama de máquina bipolar do Ocidente. Esta cria seus espaços impolíticos ao funcionar na zona de indeterminação instalada entre as díades que, no limite, evocam o vazio que há entre o ser soberano e as medidas administrativas.

Em segundo lugar, ainda que eu concorde que, no final das contas, os atos de governo se fundam em um reino inoperante, ou seja, em um nada – algo que Schmitt já percebera há muitas décadas, como veremos na próxima seção –, nem por isso tais atos devem ser chamados de anárquicos. Só o podem ser caso se compreenda "anarquia" como ausência de fundamento teológico, como faz Agamben. Mas se o termo "anarquia" for entendido enquanto inexistência de ordenações voltadas para a autorreprodução do sistema, é preciso considerar não apenas o governo, mas especialmente o governo capitalista enquanto a estrutura menos anárquica que já atuou sobre o planeta.

Nesse sentido, a utopia capitalista do livre mercado – inclusive citada por Agamben como paradigma do liberalismo –, na qual já não haveria Estado e controle, não passa de uma enorme mentira. Não há dúvida de que o regime econômico capitalista funciona enquanto uma ordem, ou seja, um conjunto de comandos. É evidente, nesse sentido, que ele necessita da força estatal para se impor e se manter. A autoridade econômica capitalista somente pode existir mediante o apoio ativo de autoridades políticas, seja para que os sistemas econômicos nacionais estejam configurados e funcionem de modo semelhante, seja para reafirmar e legitimar os direitos do capital (propriedade, controle de mercado e mão-de-obra, "livre concorrência" etc.), seja, finalmente, para garantir a aplicação eficiente e centralizada de sanções legais nacionais e internacionais (HARD; NEGRI, 2005, p. 223).

O contrário disso tudo reside na comunidade *an-árquica*. Tal configuração é pensável a partir de um ser *an-árquico*. Mais do que o produto de um meticuloso projeto de reconstrução social conforme planejado pelo marxismo, o ser *an-árquico* consiste no resultado não esperado de uma tragédia. Nosso tempo é especialmente propício às transformações radicais que surgem das tragédias, as quais não se confundem com revoluções cosméticas que mudam as coisas para que tudo permaneça como está. Com efeito, o ser humano do século XXI experimenta a mais profunda indeterminação ontológica que a espécie já vislumbrou. Depois de Darwin, Nietzsche, Freud, Marx, Heidegger e Auschwitz, a única conexão possível com o absoluto reside na aposta. Se o ser humano medieval via Deus e o romano se espelhava no Imperador, o contemporâneo se caracteriza por *poder* (é uma potencialidade!) se relacionar diretamente com o aberto da realidade, percebendo-se enquanto projeto precário e em permanente construção. Talvez então este seja o momento de resgatar a revolução permanente de Trótski e conferir-lhe sentido ontológico.

Tendo sido vencidos todos os absolutos, sobrevive hoje apenas a força de lei que os aparelhava, vagando livre pelo planeta. Devido à sua ação dessignificante, aprofunda-se a carência ontológica no mundo dos seres humanos privados de grandes narrativas sociais que deem sentido à existência. Se até a relação com a divindade foi transformada em aposta mediante a qual a mundanidade convive com o sagrado, absorvendo-o e retirando-lhe o caráter significador, não é exagero afirmar que, como contrapartida ao vazio, há uma incômoda sensação de que tudo pode ser diferente porque nada é perpétuo, dado e essencial. A isso se costuma chamar de "Pós-Modernidade".

Diante dessa vacuidade do real, surge a tentação – hoje encarnada em figuras risíveis como Trump e Bolsonaro – de se criar novos mitos capazes de manter certas certezas e garantir no nível simbólico regularidade, previsibilidade e segurança, tanto na experiência do eu consigo mesmo quanto nas vivências sociais mais amplas. Por outro lado, as grandes narrativas que deram sentido à vida humana ao longo da história se revelaram como autênticas máquinas de produção de sofrimento. Hoje a humanidade poderia aproveitar a indeterminação do real não para preenchê-la com outra narrativa fictícia e autoritária de ordem e certeza, mas para encará-la enquanto experiência vital básica. Para tanto, seria necessário assumir o caráter caótico e lúdico da realidade, passando a conviver, enquanto projeto de cotidianidade, com a incerteza, a imprevisibilidade e o risco. Ora, evitar o risco e o contágio constituiu a missão de todas as ontologias da ordem, entre as quais o capitalismo financeiro é apenas a mais recente – e a mais farsesca – versão. Se todas essas ontologias trouxeram miséria humana travestida sob o manto do contínuo progresso – que, na verdade, é contínua catástrofe, denunciou Walter Benjamin –, me parece urgente apostar em formas de *con-vivência* que não se orientem pelos ditames da certeza e da previsão, assumindo, enquanto projeto pessoal e social, a indeterminação que, queiramos ou não, é o nosso *habitat* a partir deste século.

É nesse sentido que Agamben fala de *singularidades que existem à sua própria maneira* capazes de conformar a comunidade que vem. Esta, inessencial, só pode ser uma comunidade de pessoas quaisquer, ou seja, sem identidades fixas e, portanto, inapropriáveis pelo Estado, que ao invés de se fundar em vínculos sociais, os interdiz e dissolve. Agamben afirma, com toda razão, que nada parece mais hostil ao Estado do que uma comunidade de inapropriáveis, de singularidades não redutíveis a identidades manejáveis pelo poder (ser negro, ser feminista, ser de esquerda etc.). De fato, o Estado apenas consegue "responder" aos graves problemas de sociabilidade mediante seus violentos códigos identitários. Nessa perspectiva, depois do massacre de judeus na Segunda Guerra, as potências vencedoras não conseguiram imaginar nada melhor do que criar uma nova identidade estatal, a israelense, a qual, por sua vez, se tornou hoje uma produtiva fonte de novos massacres (AGAMBEN, 1993, p. 68).

Uma comunidade de singularidades que não se baseia em condições de pertença ou na ausência delas (como na comunidade negativa de Blanchot), e sim na própria pertença contingentemente necessária – o que chamo de *indeterminação* – representa uma enorme ameaça para os sistemas identitários de poder. Por isso a política que vem não pode propor a tomada ou o controle do Estado, diferentemente do que vem sendo feito de modo acrítico pelo menos desde a Revolução Francesa. Nos nossos dias, o ato político por excelência é a luta da humanidade – entendida enquanto substrato múltiplo das singularidades, ou seja, dos modos de ser inapropriáveis pelo poder – contra o Estado e o capital (AGAMBEN, 1993, pp. 66-67). Para tanto, é preciso conceber e experimentar comunidades de singulares irrepresentáveis que não se fundam em vínculos de pertença ou de não-pertença que mimetizam as engrenagens estatais e econômicas.

Em uma linha próxima à de Agamben, Jean-Luc Nancy (1983) afirma que a comunidade não é um ser comum, mas sim aquilo que partilha uma existência sem essência ou, no limite, uma essência que é apenas existência. As formas sociais que podem surgir dessa configuração são variadas e imprevisíveis. Talvez um vislumbre dessa *con-vivência que vem* possa ser entrevista no conto de Jorge Luis Borges (1944) intitulado *A loteria em Babilônia*, no qual todos se entregam ao poder onipresente do acaso que, com o mesmo gesto impessoal, transforma mendigos em reis do dia para a noite e condena inocentes à morte sem apelação. Em estruturas assim sobressai o poder disruptivo de uma democracia *an-árquica*, que inverte e relativiza não apenas as relações sociais, mas o próprio ser humano, antes entendido enquanto essência. Trata-se de, pela primeira vez na história, confiar a humanidade a si mesma.

Uma verdadeira revolução – ou melhor, uma verdadeira crise, capaz de abrir caminho às comunidades *an-árquicas* – só pode surgir a partir de um tempo radicalmente novo, todo-presente, tempo-de-agora (*Jetztzeit*). Isso não significa romper com o passado, mas viver o presente em toda sua dimensão de *agoridade*, compreendendo-o enquanto ponto focal em que toda a história se concentra, inclusive as imagens que os filósofos utópicos do passado nos legaram. Essa concepção de história não se manifesta sob a forma de tendências progressivas e lineares; ao contrário, ela está profundamente incrustada em cada presente, deixando-se antever nas mais ridículas e ameaçadas ideias entre aquelas produzidas por mentes criativas, explica Benjamin no profético artigo *A vida dos estudantes*.

Normalmente as pessoas se negam a discutir qualquer coisa diferente daquilo que é posto pelo capitalismo naturalizado, pois do contrário se quebraria a linearidade da história que fundamenta as práticas sociais de opressão configuradoras de nossas sociedades. Por isso, a função de um dicionário de política radical seria idêntica à do historiador benjaminiano, que possibilita um estado de perfeição imanente ao torná-lo visível e dominante no presente (BENJAMIN, 1996, p. 37). Para tanto, pouco importa a descrição pragmática dos detalhes "reais" de instituições, normas e costumes porque o que se pretende é denunciar e superar a estrutura autoritária do tempo histórico que os sustenta, não apresentar receitas de construção social à moda platônica.

A comunidade *an-árquica* não é descritível sob a forma de um plano geral que, por se traduzir em diversos objetivos "alcançáveis" e previsões "razoáveis", poderia ser executado com sucesso. Por outro lado, tal comunidade não pode ser lida apenas enquanto projeto a se realizar em um futuro mais ou menos distante, perdendo-se em abstrações típicas dos sonhos sociais de uma nova Cocanha. A díade conceitual real/ideal representa um poderoso dispositivo da ideologia ocidental cuja função é impedir o pensamento de chegar às suas últimas consequências. Para desativar esse mecanismo é imprescindível reconhecer o papel da *potência*. Nessa perspectiva, a comunidade *an-árquica* se configura como uma comunidade em potência que existe *já e desde sempre*; ela somente não se atualiza graças às medidas conservadoras e autoritárias efetivadas pelo poder existente. Por isso, para vir a ser, a *an-arquia* precisa continuamente desativá-lo.

Alguém poderia questionar a probabilidade da "real" instauração de uma comunidade assim. Fazê-lo significa tentar compreender o impensável por meio dos mesquinhos instrumentos do pensável. Pior ainda: do quantificável. O dicionário de política radical não possui o verbete "provável", que tem a ver com mensuração e cálculo, ou seja, com a dimensão de tudo aquilo redutível a meras relações numéricas. Esse hábito mental, típico do capitalismo, se impõe quase instintivamente em qualquer discussão na qual alguém tenta pensar fora dos padrões do que é. Ora, a filosofia radical diz respeito ao ser, o qual se dá enquanto atualidade e potência, até mesmo potência-de-não, mas jamais como calculabilidade. Para saber sobre a comunidade *an-árquica*, basta à filosofia radical postular sua possibilidade: tudo é possível porque tudo, ao menos no terreno social, resulta de escolhas, decisões e práticas, ou seja, arranjos temporais mais ou menos conscientes que, para serem fundadores de mundo, devem recusar o determinismo da tradição, sob pena de serem esmagados por ela.

Se a comunidade *an-árquica* existe em potência, ela é possível e congrega um tempo histórico alternativo pronto para se realizar aqui e agora. Se é provável ou não, pouco importa. Aqueles que naturalizam o *atual-real* entendem-no enquanto possibilidade única; eles fazem suas continhas para descrever aquilo que, mediante uma tabela de estatística, parece provável ou não. Para emudecê-los bastaria recordar-lhes que no dia 11 de setembro de 2001 não havia qualquer probabilidade matemática de destruição das Torres Gêmeas graças ao choque de aviões sequestrados por fundamentalistas islâmicos. A seus olhos, tal "previsão" se assemelharia ao enredo de um filme *trash* de Hollywood, não se tratando de um prognóstico sério a ser considerado. Todavia, desde que as Torres foram erguidas, sua destruição passou a ser uma entre várias possibilidades. Potencialmente, elas já estavam derrubadas. Por que então o que vale para as torres do capitalismo não poderia valer também para todo seu sistema produtivo, reprodutivo e distributivo?

Brevíssima arqueologia do *nómos*

O que deve ser evitado a qualquer custo é a naturalização do capitalismo e do direito que o protege, vistos como caminhos únicos. Pensa-se que, no limite, eles podem até ser reformáveis, mas nunca superáveis. Todavia, se "capitalismo" corresponde apenas ao nome que se dá à atual fase do sistema de opressões sociais que sempre existiu na maioria das sociedades "civilizadas", é preciso saber reconhecer as profundas conexões históricas que apontam para a origem comum dessas práticas brutais. É o que faz a arqueologia filosófica, que utilizaremos muito rapidamente nesta seção, pois o tema pode ser indefinidamente discutido.

Segundo me parece, aquilo que Crawford MacPherson (1962) chamou de *individualismo possessivo* não se limita unicamente ao mundo moderno e contemporâneo, podendo ser rastreado em formas jurídicas arcaicas que contaminaram nossa maneira de conceber a normatividade. De fato, os atos jurídicos originários de muitas comunidades humanas têm a ver com a violência fundadora materializada na tomada da terra.[9] Para ficarmos apenas na Grécia, é desse vínculo primigênio entre força e direito que surge o vocábulo *nómos* (ordem normativa), derivado do verbo *némein* (apoderamento, captura, limitação, cercamento).

---

[9] Trata-se da tese central presente em SCHMITT (1953).

O *nómos* não é apenas a lei, guardando em si uma significação fundante do direito da qual a contemporaneidade parece ter se esquecido ao funcionalizar as práticas jurídicas. Carl Schmitt explica que o substantivo *nómos* deriva do verbo grego *némein*, apresentando três significados complementares: 1. tomar, conquistar (mesmo sentido do verbo alemão *nehmen*); 2. dividir e distribuir o que foi tomado; 3. pastar, quer dizer, cultivar e explorar a posse, o conquistado. Assim, toda ordenação normativa depende de uma prévia violência consistente na tomada da terra. Ordem (*Ordnung*) e localização (*Ortung*) são coextensivos.

Fiando-se nos pitagóricos, Foucault sustenta que *nómos* vem de *nomeús*, ou seja, "pastor". O governo dos seres humanos derivaria então da noção cristã-medieval de pastorado. Pastor é quem faz a lei e indica a direção certa ao rebanho, encenando uma experiência autoritativa que os gregos só conheciam de maneira secundária e marginal. Por isso eles a localizavam no domínio privado da casa, nunca na seara propriamente política: trata-se da submissão de um ser humano (o filho, a esposa, o escravo etc.) à vontade pura e simples de outro (o pai), e não a um sistema abstrato de normas e padrões sociais, seja ele democrático, aristocrático ou monárquico. Por outro lado, Bruce Chatwin (1996) sustenta em *O rastro dos cantos* que de *nómos* deriva "nômade", ou seja, o chefe ou o ancião que distribui as pastagens entre os membros de seu clã. Ainda que, por definição, o nômade não tenha terra, ele ainda assim pastoreia. Nesse caso, pastoreia seres humanos. Permanece, portanto, o paradigma da dominação.

Parece-me curioso que duas tradições filosóficas afastadas e potencialmente rivais, representadas aqui por Schmitt e Foucault, se entendam ao traduzir *nómos* enquanto algo que supera o direito. Quando se centralizam na discussão desse tema, ambas as correntes passam a compartilhar não apenas o mesmo léxico, mas também as mesmas preocupações com a tecnicização da ordem jurídica, sua redução simbólica à lei e, por fim, sua tendência a se converter em espaço de exceção.

Schmitt e Foucault perceberam que o direito não está na lei, mas em alguma dimensão que a antecede e a suspende, a põe ao mesmo tempo em que a depõe e, abandonando-a a si mesma, a revela enquanto força. O segredo do *nómos* passa então pela violência que os juristas contemporâneos tentam cinicamente esconder sob as formas e os ritos de uma racionalidade comunicativa já esgotada. Ao reduzir o direito a mera técnica argumentativa, a contemporaneidade escamoteia suas dimensões decisivas, irracionais e pré-legais, gerando a situação em que sobrevivemos, na qual um direito ineficaz pretende ostentar uma validade sacral, "metódica" e "discursiva". Por outro lado, como notou Agamben, a força do direito – totalmente separada de sua forma – se alastra pelo planeta como um *mana* desgovernado, configurando novas ordenações-localizações em grande medida determinadas por pressões econômicas.

Em suas origens, o direito só funciona quando há um "teu" e um "meu", ambos fundados, contudo, em um vazio normativo. Antes da decisão violenta que separa os seres humanos e os transforma em sujeitos jurídicos dotados do poder de excluir uns aos outros (em termos técnicos, trata-se da eficácia *erga omnes* do direito de propriedade), não há qualquer normatividade jurídico-social, a qual se estrutura sempre *a posteriori*, ou seja, a partir da decisão violenta que põe a ordem. Schmitt (1922, pp. 37-38) tem razão quando sustenta que, normativamente considerada, a decisão soberana se baseia em um nada, pois é somente depois dela que surge a ordem. Contudo, trata-se de uma ordem calcada em um modelo viciado desde o nascedouro, dado que se fundamenta na separação e na negação do comum para a criação mágica da identidade proprietária, conformando o individualismo possessivo do *nómos*.

Se o ato de tomada da terra que põe o direito constitui primordialmente um limite, é interessante recuperar uma reflexão de Marx no contexto de sua segunda análise da guerra franco-prussiana de 1870. Trata-se de texto apresentado à Associação Internacional dos Trabalhadores e logo difundido como mensagem de tal organização. Caso seja considerado de maneira apressada, esse panfleto pode parecer por demais "datado" e, portanto, destituído de interesse para uma arqueologia do direito como a que ora esboço. Mas não é assim que o compreendo.

Marx afirma ser absurdo e anacrônico fazer das considerações militares o princípio com base no qual se limitam as fronteiras nacionais. Com efeito, se o mapa da Europa tivesse que ser refeito seguindo esse "espírito de antiquário"[10] – que é hoje exatamente o princípio que guia Israel –, os conflitos jamais teriam fim. Toda linha militar é por natureza defeituosa, podendo ser estendida mais e mais com fundamento em vetustos argumentos sobre a posse imemorial da terra e tendo em vista a necessidade de autodefesa. Se radicalizada, essa necessidade inclusive exigiria que o mundo inteiro fosse inserido nas linhas controladas pelo Estado, tal como sonharam os nazistas e agora sonham

---

[10] Essa expressão é de Marx (2011, p. 28).

os estadunidenses. Marx (2011, p. 29) conclui que limites jamais podem ser fixados de maneira definitiva e justa, pois são impostos aos conquistados pelos conquistadores. Assim, a ideia mesma de limite se revela problemática e por isso sempre acarreta guerras. Um limite originário como o do *nómos*, que caracteriza não uma ordem jurídica específica, mas todo o sistema individualista possessivo do Ocidente, só pode então dar lugar à guerra perpétua chamada "direito". Não é uma coincidência que Schmitt, autor responsável pela mais clara visualização do caráter originário e violento do *nómos*, tenha definido o direito enquanto a "forma da guerra formalmente correta" (SCHMITT, 1991b, anotação de 11 de outubro de 1947).

A propriedade ocupa o lugar de categoria central nessa estrutura bélico-jurídica originária. É a partir de sua fundação que o direito nasce enquanto ordem identitária. O individualismo possessivo dos inícios violentos da ordem jurídica sustenta não apenas uma diferença radical entre aqueles que possuem e os que não possuem, mas também possibilita a criação e o desenvolvimento da personalidade do sujeito jurídico, compreendido enquanto algo particular, indevassável e único. Não é à toa que os jurisconsultos romanos diziam que a propriedade constitui a expressão concreta da liberdade cívico-pessoal, elemento fundamental da *persona* romana (cf. CÍCERO, 2000, pp. 78-84; GAIUS, 1950, pp. 65-69 e *CORPUS IURIS CIVILIS*, 1929, D.48.20.7).

O sujeito de direito, que desde seus primórdios tem na propriedade a garantia de sua personalidade, passou por um processo bimilenar de concentração em si mesmo, criando camadas e mais camadas de "eus" individuais e possessivos para evitar o contágio com o mundo do comum e do outro, compreendido como um perigoso "não-eu" igualmente individualista e possessivo. Com base nesse dispositivo, o direito ocidental foi se caracterizando graças à rigidez das identidades que constrói. As liberdades civis surgidas na Revolução Francesa e os direitos de intimidade tão debatidos hoje são os resultados mais recentes desse processo de criação de *identidades duras*. Tal se dá por meio de uma dupla estratégia: contínua defesa diante do outro e apropriação do mundo por meio de um "eu" absoluto. Entretanto, em sua estrutura ontológica o mundo é comum, aberto e indeterminado, resistindo continuamente à privatização que o direito lhe impõe. Eis porque o indivíduo autocentrado com frequência se sente mal, ansioso ou deprimido. Por mais que ele tente se encapsular ao manter seu "eu", sua propriedade e suas opiniões, ele fatalmente se confronta com a estrutura inevitável do mundo, aberto e comum.

Daí decorre uma das tarefas da filosofia radical, que ao criticar o individualismo possessivo do *nómos* possibilita experiências mais ricas de convivência e de formação de identidades precárias voltadas para a superação das oposições originárias entre "meu" e "teu", "eu" e "outro", "oprimidos" e "opressores" etc. É claro que, para tanto, a ideia de propriedade privada tem que ser extirpada. Até mesmo a concepção de bens públicos precisa ser superada, pois no contexto do sistema individualista possessivo o público é apenas aquilo que sobra, o que ainda não foi apropriado pelo indivíduo e, enquanto tal, aparece como a outra face do ato originário de tomada da terra. No mundo capitalista, o público reforça o privado ao invés de negá-lo.

Ao contrário, vivências como o uso dos bens e de si que Agamben (2011) intuiu nas práticas franciscanas medievais descritas em *Altíssima pobreza* e a partilha das subjetividades da multidão indicadas por Hardt & Negri (2005) apostam em formas alternativas de lidar com o direito, buscando conferir-lhe sentidos radicalmente não-apropriantes/individualizantes, ou seja, desvinculados da opressão que gera e mantém proprietários e não proprietários. Talvez aí esteja a chave para a criação de uma democracia radical, algo que nunca existiu neste planeta; mas isso não significa que deva continuar inexistindo. O que está em jogo nesses projetos é nada menos do que toda a tradição política e jurídica ocidental, que tem seu emblema mais característico na noção político-teológica de hierarquia.

A ordem sagrada

Os mecanismos técnicos com os quais a contemporaneidade submergiu o direito e a política mal conseguem disfarçar que a ideia de hierarquia da que dependem deriva de um composto grego que designa a ordem (*arkhé*) sagrada (*hierós*), *hieroarkhé*. Viver sob uma hierarquia significa então viver sob uma ordem divina que garante a contínua passagem dos muitos – o povo – para o uno que deve comandar. Mas o fluxo sagrado exige um corpo intermediário de funcionários – organizados dos menos importantes até aos mais poderosos – capaz de ligar a unidade *ideal* do governo à base *real* sobre a qual o poder político se exerce. Dessa maneira, pode-se descrever a estrutura hierárquica como um dispositivo que serve para separar imanência e transcendência, conforme percebido pelo teólogo italiano Egidio Romano (1243-1316) no contexto das disputas de poder entre o Papa e o rei francês na Idade Média.

Romano foi discípulo de Tomás de Aquino, o primeiro teólogo a realmente pensar a organização jurídico-administrativa da Igreja com base em escalonamentos legais que vão da *lex humana* à *lex aeterna*, passando pelas instâncias intermediárias da *lex naturalis* e da *lex divina*, construção essencial para o normativismo jurídico do início do século XX e sua ideia de pirâmide normativa (*Stufenbau*). Algo das propostas de Tomás de Aquino relativas à estruturação normativa universal feita por meio de escalões deve ter impressionado profundamente o espírito de Romano, ainda que em sua obra *Sobre o poder eclesiástico* ele pareça estar mais inspirado pelo neoplatonismo do Pseudo-Dionísio Areopagita e sua teoria das emanações. Com base nessas ideias, Romano sustenta a existência de uma hierarquia terrena que tem o Papa como centro e ápice, motivo pelo qual os níveis intermediários ocupados pelo poder secular não lhe podem opor qualquer objeção.

A função da hierarquia seria possibilitar a *reductio ad unum per medio*, tarefa que o Papa realizaria com o auxílio dos poderes políticos terrenos. Nada obstante, essa configuração dual que pensa o papado ao lado do poder secular não traz nenhuma novidade, tratando-se de um paradigma amplamente aceito no Medievo, tal como demonstra o célebre mitologema das duas espadas, uma secular e outra espiritual. O que constitui a específica contribuição de Romano é a justificativa apresentada para o velho modelo dual. Segundo explica Romano, a hierarquia existe para que haja ordem na realidade graças à contínua condução do plural ao único. Enquanto representante de Deus na Terra, o Papa gozaria de um poder absoluto que lhe daria inclusive legitimidade para dissolver os corpos intermediários – ou seja, os poderes seculares – quando não cumprissem as missões que lhes fossem confiadas pela Igreja. O Papa, cúspide da hierarquia político-teológica, poderia então, em casos graves e excepcionais, governar diretamente (*directe*) o corpo de fiéis que se encontra na base da pirâmide. Romano chama essa hipótese de *casus imminens*.

Já foi notada a relação analógica entre o *casus imminens* de Egidio Romano e a interpretação conferida por Carl Schmitt ao estado de exceção previsto na Constituição de Weimar.[11] A segunda parte do art. 48 da Constituição permitia ao Presidente do *Reich* intervir e governar diretamente os *Länder* alemães caso fossem verificadas as hipóteses excepcionais descritas no citado dispositivo constitucional. A essa altura, resta claro que a verdadeira função da hierarquia é ocultar o poder real ao fazê-lo agir por meio de intermediários, só se mostrando em sua efetividade nua e crua no caso excepcional, quando o Papa ou o soberano político agem diretamente para reordenar ou recriar as estruturas hierárquicas intermediárias, garantidoras da ordem em contextos de normalidade. Desse modo, a hierarquia consiste em um dispositivo que, ao criar mais e mais instâncias intermediárias, serve para dissimular a natureza do poder, que tanto em sua origem quanto em sua operacionalidade rotineira se baseia sempre na violência.

A cadeia hierárquica funciona em dois sentidos: primeiramente, para cima, apontando para o futuro ao pretender

---

[11] Devo esta preciosa aproximação entre Romano e Schmitt a Francisco Bertelloni, medievalista argentino que apresentou a conferência *Estructura teórica del caso de excepción* (casus imminens) *en Egidio Romano* no "II Colóquio Internacional Carl Schmitt: Direito, Filosofia e Política", evento ocorrido na Universidade Federal de Uberlândia de 05 a 09 de agosto de 2013.

ocultar o caráter violento e incontrolável de qualquer decisão político-jurídica a ser tomada. Já é uma prática social (e retórica) largamente aceita em nossos tempos a criação de instâncias de controle que se acumulam umas sobre as outras, em uma tentativa frustrada de suplantar a ironia corrosiva da milenar pergunta do poeta latino Juvenal (1964, pp. 346-348): *"quis custodiet ipsos custodes?"*, ou seja, "quem controla os controladores?". Assim, se um Tribunal é corrupto, que se crie outro para controlá-lo; se este também não se comportar, que seja criado outro e mais outro, infinitamente. Mas na vida real a decisão será tomada, será final e sem apelação e, por isso mesmo, violenta.

O outro sentido da hierarquia se dirige para baixo, rumo ao passado, justificando os atos de opressão da história humana com base em uma série de vínculos e títulos de caráter jurídico, entre os quais se destacam os institutos da herança e da propriedade. Contudo, assim como no primeiro sentido, caso se procure o fundamento primeiro – tanto ontológico quanto histórico – de qualquer "direito", encontrar-se-á apenas o ato original e violento de tomada da terra que nenhuma retórica pode esconder para sempre. O alfa e o ômega de nossas sociedades, o ato fundador com o qual a um só tempo se privatiza a terra comum e se justifica a excepcionalidade da decisão final, sobrevive apenas na dimensão diáfana da hierarquia que garante, como em um passe de mágica, o ocultamento da violência sob as espessas camadas dos títulos jurídicos e dos corpos administrativos intermediários.

A teoria hierárquica de Egidio Romano corresponde ponto por ponto à retórica "democrática" da representação. Com efeito, os parlamentos agem enquanto mediadores que garantem a relação entre o povo, que está na base da pirâmide, e o poder político, que se aloja no ápice. Todavia, a justificativa hierárquica falha diante do desejo de se construir uma democracia radical em que o povo já não seja unitário e homogêneo, mas múltiplo e mutante. Em tal circunstância, percebe-se que a divisão entre sujeito e objeto do poder político-jurídico não é necessária. Em uma democracia radical, os sujeitos que estão na base da pirâmide são exatamente os mesmos que governam e decidem, tornando inútil a estrutura representativo-hierárquica. Nessa hipótese, a hierarquia, agora excessiva e injustificada, aparece como o que ela é de fato: um dispositivo arquitetado para ocultar a natureza absoluta do poder opressivo característico das sociedades que separam governantes e governados.

Ao tentar reduzir a concretude dos sujeitos democráticos ao mitologema "povo soberano", a democracia representativa reforça a inultrapassabilidade entre as esferas de comando e obediência, criando, contudo, uma contradição insolúvel, pois pressupõe um sujeito que está ao mesmo tempo na base e no cume da pirâmide hierárquica. Para tentar superar esse problema, a máquina governamental precisa negar a multiplicidade de seres viventes, desnaturando-os em povo soberano à medida que se efetiva a passagem do fluxo de poder pelos corpos representativos intermediários.

Egidio Romano sustentava que, em casos excepcionais, os corpos intermediários poderiam ser dissolvidos pelo Papa. Cabe a nós usarmos essa estrutura conservadora para, profanando-a, afirmar que no estado de exceção permanente em que vivemos tornou-se necessária a extinção dos corpos representativos intermediários, de modo que já não seja possível aos aparatos do poder converter singularidades democráticas em povo. A tarefa da política radical consiste então na fusão da base com o ápice da pirâmide hierárquica, fazendo-a implodir com sua própria lógica para dar forma a um conjunto de singularidades que não se perca nas infinitas mediações do poder. Somente assim será possível compreender que o povo humilhado e real da base e o "povo soberano" e abstrato do ápice não são mais do que conceitos. Ambos só alcançam o nível da verdade quando são fundidos sob o molde de uma democracia radical em que os sujeitos e os objetos do poder coincidem. Para tanto, o paradigma da ordem sagrada, a *hieró arkhé*, deve ser abandonado em favor de uma *an-arkhé*, expressão não do caos, mas de uma nova ordem que continuamente se nega para se afirmar *em ato* enquanto *democracia absoluta*, no sentido que Spinoza dá a essa expressão.

Se é exato que o poder absoluto – normalmente oculto pelos mecanismos de mediação característicos da representação democrático-parlamentar – só se mostra quando age diretamente diante do caso de exceção, urge efetivar a verdadeira exceção de que falava Walter Benjamin (1974) em sua oitava tese, fazendo aflorar, para além de todas as retóricas liberais e conservadoras, a democracia radical capaz de fazer o poder enquanto potência agir diretamente sobre o mundo.

TODA
TEORIA
REVOLUCIONÁRIA
TEVE
QUE
INVENTAR
SUAS
PRÓPRIAS
PALAVRAS

ANARQUIA E PANDEMIA

An-arquia

Em um denso livro intitulado *O princípio da anarquia: Heidegger e a questão do agir*, Reiner Schürmann – esse notável ex-padre dominicano que morreu de AIDS em 1993, amigo de Hannah Arendt e de Hans Jonas – argumenta ser impossível derivar uma filosofia política da obra de Martin Heidegger, dado que nela não se pode passar do Ser ao agir. Tal se dá, contudo, não porque sejam duas dimensões diversas e irreconciliáveis, mas sim porque, depois da (pretensa) desinfecção antimetafísica empreendida por Heidegger no pensamento ocidental, não há qualquer princípio que sobrevenha ao Ser, pois nele o agir sempre já está presente, considerando que o Ser é, ontologicamente, aquilo que vem à presença. Dessa maneira, Ser e agir compõem uma única dimensão carente de fundamentos, motivo pelo qual Schürmann pôde ver em Heidegger um pensador da anarquia, ou seja, da radical ausência de origem ou de princípio fundamental, de modo que o Aí (o *Da* do *Dasein* do primeiro Heidegger) do humano é exatamente a sua carência de Aí, conformando o abandono (a *Gelassenheit* do último Heidegger) enquanto condição estrutural de tudo que não pode contar com terra firme debaixo de si. No mundo da técnica e da maquinação (*Gestell*) em que vivemos, não se pode derivar qualquer ato, pensamento ou ação de uma causa primeira, com o que a anarquia constitui o horizonte último e intransponível do humano.

Como nota Roberto Esposito (2020), a pergunta que Schürmann se põe tem a ver com a possibilidade de uma política anárquica, ou seja, uma política que não aceita nenhum dos títulos de legitimação tradicionais que acompanham há séculos o pensamento e a prática do poder, inclusive e principalmente aquelas chamadas de anarquistas e democráticas. Sim, pois agora está em jogo não simplesmente uma política como as demais, com suas taxonomias e argumentos mais ou menos razoáveis, mas a extrema experiência de uma ausência de legitimação, de convencimento e de razão, uma verdadeira *an-arquia*, no sentido que venho dando a essa palavra há alguns anos.[12] Ainda que Schürmann não trace nem queira traçar um conceito de política *an-árquica*, ele aponta cinco características disso que chama de anárquico, ou seja, uma ação sem fundamento. São elas: a abolição de toda ordem teológica; a rejeição da ideia de responsabilidade; o protesto contra o mundo técnico administrado; certo grau de desinteresse pelo futuro da humanidade; e a sobreposição entre pensamento e ação. Esses critérios apontariam para a máxima de Mestre Eckhart – autor estudado a fundo por Schürmann em outras obras –, segundo a qual a rosa é sem porquê; ela simplesmente floresce. Ou seja, a vida não tem nenhuma razão ou princípio fundante que a justifique ou exija (ESPOSITO, 2020, pp. 65-67).

Esposito sublinha o paradoxo evidente na construção de Schürmann, pois para se pensar o in-fundado são necessários esses cinco critérios, que acabam assim por funcionar

---

[12] Cf., por exemplo, meu *Filosofia radical e utopias da inapropriabilidade: uma aposta* an-árquica *na multidão*.

enquanto princípios do não-principial. Schürmann tem plena consciência do problema, mas tende a desconsiderá-lo ao sustentar que estamos em uma fase de transição entre a época da metafísica e aquela, anárquica, que a sucederá, motivo pelo qual é inevitável adotar a linguagem desta primeira, de caráter nitidamente principial, ideia central, como vimos, para a construção de nosso inexistente dicionário de política radical. Como se vê, Schürmann reduz o paradoxo a mera questão linguístico-epocal. Mas o que aconteceria se levássemos a sério esse paradoxo e entendêssemos que a *an-arquia* – e não qualquer política anarquista racionalista, como as de Proudhon e de Bakunin – descansa sobre algo que a excede? O que, nesse caso, poderia ser o não-princípio que põe a *an-arquia*? E se este, ao contrário do que se costuma pensar, estivesse não no início – no princípio – mas no fim? Para além dos hegelianismos te(le)ológicos de praxe, poderíamos considerar que a *an-arquia* só se desvela enquanto experiência do fim do mundo. Ou melhor, do fim de *um* mundo. Como o dos atenienses sob a peste.

Peste

De um modo geral a peste introduziu na cidade pela primeira vez a anarquia total. Ousava-se com a maior naturalidade e abertamente aquilo que antes só se fazia ocultamente, vendo-se quão rapidamente mudava a sorte, tanto a dos homens ricos subitamente mortos quanto a daqueles que antes nada tinham e num momento se tornavam donos dos bens alheios. Todos resolveram gozar o mais depressa possível todos os prazeres que a existência ainda pudesse proporcionar, e assim satisfaziam os seus caprichos, vendo que suas vidas e riquezas eram efêmeras. Ninguém queria lutar pelo que antes

> considerava honroso, pois todos duvidavam de que viveriam o bastante para obtê-lo; o prazer do momento, como tudo que levasse a ele, tornou-se digno e conveniente; o temor dos deuses e as leis dos homens já não detinham ninguém, pois vendo que todos estavam morrendo da mesma forma, as pessoas passaram a pensar que impiedade e piedade eram a mesma coisa; além disto, ninguém esperava estar vivo para ser chamado a prestar contas e responder por seus atos; ao contrário, todos acreditavam que o castigo já decretado contra cada um deles e pendente sobre suas cabeças, era pesado demais, e que seria justo, portanto, gozar os prazeres da vida antes de sua consumação (TUCIDIDES, 1972, II, 53).

Eis o que Tucídides nos conta sobre a peste de febre tifoide que devastou Atenas primeiramente em 430 a.C. e depois em 427 a.C., durante o cerco espartano à cidade, tendo vitimado milhares de pessoas, inclusive Péricles. O que me parece mais instigante nessa passagem é a atitude dos atenienses, que diante da morte quase certa se entregaram aos prazeres e aos interditos, invertendo a ordem – a *arkhé* – que até então vigorara na cidade. Instaurando uma situação anárquica – no texto original grego se usa um termo técnico equivalente: *anomia* –, os atenienses parecem descobrir a vivibilidade da vida em um carnaval que não deixa de ter seu lado obscuro que, contudo, acaba absorvido pela concreta compreensão da finitude.

Desde então, não pode haver dúvida de que as pestes têm poderosos efeitos políticos, tal como vimos durante a pandemia da COVID-19, que confundiu as melhores inteligências, fazendo-as girar em falso. De fato, o pensamento filosófico parecia estar perdido diante da pandemia, indo da total e inaceitável negação de Alain Badiou (2020), para quem nada mudou nem vai mudar no capitalismo mundial, até às fantasias adolescentes de Slavoj Žižek (2020), que viu no coronavírus do ano 19 o messias de um novo comunismo global. Essas atitudes são previsíveis, na medida em que os autores não renunciaram a seus velhos esquemas interpretativos para tentar compreender o insondável tempo-de--agora.[13] Todavia, para entender o que está acontecendo é preciso um exercício de suspensão das categorias tradicionais de análise, tal como aquelas que separam o vivo e o não-vivo, a natureza e a cultura e, no que interessa a este capítulo, a ordem e a anarquia.

Nessa perspectiva, para além das previsões quase sempre fantásticas dos pensadores, o que quero enfatizar é a diferença no comportamento dos atenienses e o de nossa sociedade global. Ambos se viram presas de uma doença aparentemente incurável, altamente letal e que se espalhava de maneira incontrolável, mas enquanto os atenienses decidiram viver o excesso da vida que se escapava, nós preferimos o isolamento e o medo, temperado aqui e acolá pela promessa de gestão biocrática importada dos "tigres asiáticos", conforme elogiado por Byung-Chul Han (2020) em seu inconsistente texto sobre o sucesso das medidas algorítmicas orientais contra a disseminação da COVID-19. Assim, se é certo que a peste ou a pandemia gera efeitos políticos, também é verdade que estes não são previsíveis e podem variar desde a anarquia até o reforçamento do comando – da *arkhé*, portanto –, tal como vemos ocorrer em todo o mundo. Nesse contexto, cabe perguntar se é possível uma virada *an--árquica* em nossa pandemia, bem como quais são os fatores

---

[13] Já desenvolvi essa ideia juntamente com Murilo Corrêa no artigo *Viral intrusion*, disponível em: http://www.nakedpunch.com/articles/308

que até agora impediram essa inversão. Como sempre, esses fatores se inscrevem no terreno da produção de subjetividades. Claro que aqui não estou propondo que todos deixem suas casas e se dirijam às ruas para celebrar uma espécie de dança da morte pós-moderna em prol da idolatria econômica. É isso que recomenda Bolsonaro em sua feroz estultice diante de qualquer mínima consideração de ordem modestamente científica, o que equivale, para ele, a um ataque direto ao seu mais profundo modo de ser: brutal e orgulhoso de sua ignorância. Na verdade, o caso ateniense comparece aqui apenas como figura do pensamento para ilustrar a profunda diferença entre dois regimes de subjetividades diante da doença e da morte, diante do inevitável e do incontrolável. Se na Grécia de Péricles a pandemia gerou um afrouxamento dos controles – que, claro, logo foram restabelecidos –, por que hoje ela tem como efeito um enrijecimento dos poderes biopolíticos, necropolíticos e mercadológicos? Por que a situação que vivemos, claramente um evento antes impensável e pleno de potência transformadora, não se abre para a aceitação do fim de um mundo e a experimentação de outros possíveis, insistindo-se antes em salvar o velho e retornar obsessivamente à "normalidade"? Quais são os dispositivos subjetivos e subjetivantes que nos impedem de experimentar a *an-arquia* que nos constitui?

Schuld

Os atenienses consideravam que já tinham sido julgados, motivo pelo qual se liberaram de toda e qualquer culpa, entregando-se a si mesmos. Por isso puderam celebrar, de modo algo macabro, a peste. Ao contrário, nós sentimos que ainda não fomos julgados e, portanto, pesa sobre nós a culpa.

Em um pertinente artigo sobre a COVID-19, Laurent de Sutter (2020) defende a tese de que não se pode culpar ninguém pela pandemia, pois se trata de uma questão cosmológica, ou melhor, cosmologística. Não sei se é bem assim. Há toda uma cadeia de culpabilizações em curso, desde aquelas delirantes da *Sippe*[14] Bolsonaro, que acredita, com toda sua canalhice – alguns a chamam de "fé", mas isso é pura novilíngua –, que a COVID-19 é uma invenção dos chineses para dominar o mundo e os mercados, até aquelas mais sensatas que afirmam uma culpa coletiva da humanidade em face do planeta moribundo. Entre essas considerações mais factíveis, há a hipótese da "intrusão de Gaia". A expressão se deve à química e filósofa da ciência belga Isabelle Stengers (2008). Ela argumenta que o planeta Terra – *Gaia*, em grego – irrompe violentamente em nossas vidas, mostrando que todos os aparatos humanos e sociais são incomparáveis às forças de tufões, terremotos, maremotos e outros fenômenos naturais capazes de demonstrar que o planeta ainda é dono de si mesmo. Assim, alguns pensadores veem a pandemia como um exemplo do poder intrusivo de Gaia em nossas sociedades, que se creem imunes às ações da natureza e, por isso mesmo, estão cada vez mais expostas à extinção.

Outra interpretação, que guarda relações com a ideia de intrusão de Gaia, mas que com ela não se confunde, vê no coronavírus um construto humano que traduz de maneira trágica o conceito de Antropoceno. Para os autores dessa linha, tal como Paul Crutzen, ganhador do prêmio Nobel de 2000, o Antropoceno corresponde ao momento em que vivemos,

---

[14] Palavra alemã para indicar clã, parentes e família extensa. Era um dos termos preferidos dos ideólogos do nacional-socialismo para evocar a "pureza" racial ariana.

ou seja, uma nova era geológica em que as sociedades humanas, pela primeira vez na história, deixam de ser elementos passivos e atuam como agentes que transformam os ritmos do planeta, como se fossem forças ambientais – quase sempre negativas – responsáveis por mudanças climáticas, extinções de seres vivos, emissões de gases poluentes etc. Nesse sentido, o novo coronavírus seria algo semelhante ao efeito estufa, ou seja, um elemento aparentemente natural, mas que se deve à ação de seres humanos, dado que ele não surgiu naturalmente, e sim a partir da relação entre humanos e espécies animais diversas, sejam morcegos, pangolins ou outras.

Ainda mais intrigante, e independentemente da controversa origem do novo coronavírus, é a constatação de que ele só se espalha com a força mortífera que conhecemos graças às redes artificiais criadas pelos humanos, as quais Laurent de Sutter enquadra sob o conceito de "logística do capitalismo". De fato, se não tivéssemos um mundo ultraintegrado pelo comércio capitalista, com seus aviões, carros, estradas, conduítes, cabos, migrações e fluxos populacionais, seria muito difícil que um vírus surgido na China – ou em qualquer outro lugar – pudesse contaminar o mundo todo com a velocidade que vemos na atualidade. Assim, mais do que de causas naturais, a COVID-19 dependeria de ações humanas, pois seria um subproduto indesejável da globalização. Portanto, somos culpados pela pandemia em qualquer uma das duas hipóteses: seja por irritar Gaia, seja por nos termos transformado em forças geológicas antropocênicas, merecemos o castigo pandêmico.

Envolvidos nessa espiral culpabilizante, nos comportamos como os personagens de Kafka que aguardam julgamentos que nunca vêm, crises que jamais se resolvem e que se projetam – agora sob a forma viral – enquanto horizontes insuperáveis, eternizando a culpa. Mas o julgamento não chega por uma razão muito simples: ele já aconteceu. Já fomos julgados e, inclusive, penalizados. A pena, como não poderia deixar de ser, é o próprio processo em que nos debatemos. Por arte e engenho desse processo, acabamos aceitando o axioma segundo o qual a culpa é inquestionável – assim também o fazem os juízes de K. Somos póstumos de nós mesmos. Mas, bem vistas as coisas, se já fomos julgados e castigados – o mundo infernal em que vivemos não deixa qualquer dúvida em relação a isso –, tal quer dizer que não há mais culpa. De fato, se não há dívida a ser paga, também não há culpa, como a língua alemã ensina ao amalgamar essas duas realidades na mesma palavra, *Schuld*. *Corolarium*: este mundo não só merece ser destruído, mas *pode* sê-lo. Eis o que o coronavírus nos revela.

Nas suas *Lições sobre a filosofia da história*, Hegel afirma que "só a criança e o animal são inocentes (*unschuldig*); o homem deve ter culpa (*muss Schuld haben*)". Pois bem, para escaparmos à pandemia – que é muito mais do que uma pandemia de COVID-19, mas uma pandemia de medo, culpa e dívida, de desiguais distribuições de riscos, de aprofundamento da gestão virtual e tecnototalitária de nossas vidas – temos que, sabendo que já fomos julgados e apenados, nos tornarmos crianças e animais. Afinal, são essas vidas *an-árquicas* e *des-culpadas* que melhor resistem às infecções da COVID-19, embora, evidentemente, não sejam imunes.

Aprender a morrer

Viver uma vida não culpada significa estar pronto para morrer. É exatamente isso que nossas sociedades não conseguem fazer, pois foram acostumadas a vegetar sob aquilo que muitos estudiosos chamam de longo presente, experiência subjetiva do tempo que, como já ensinara Guy Debord (1992) mediante sua noção de espetáculo, se estende infinitamente para frente e para trás, desligando-se tanto das tradições do passado quanto da projetividade do futuro.[15] O capitalismo neoliberal constitui, mais do que um terrível e desumano regime de exploração e de expropriação, um conjunto de dispositivos que levam os seres humanos a se esquecerem de como morrer. Habituados a uma vida insossa, sempre igual a si mesma e cuja mais alta ambição consiste simplesmente em durar a todo custo, a morte aparece para nós como a grande esfinge que não conseguimos afrontar. Nesse sentido, o cidadão das grandes megalópoles do início do século XXI em nada se identifica com o proverbial ser-para-a-morte (*Sein-zum-Tode*) de Heidegger, mas com um lamentável ser-que-não-sabe-morrer. Ao agarrar-se com todas as forças à sua vida biológica, esse ser abre mão de todas as dimensões qualitativas da vida – amores, afetos, tradições, linguagem, memórias etc. – e acaba paradoxalmente legitimando e exigindo os regimes necropolíticos que, em nome de razões de segurança, prometem mantê-lo respirando diante da pandemia de COVID-19, tal como notou com dureza Giorgio Agamben (2020) em uma série de breves textos publicados no site da editora italiana *Quodlibet* que lhe valeram o desprezo universal e um covarde linchamento público.

Para além de todos os problemas e equívocos das recentes análises de Agamben, o importante é que ele nos chama

---

[15] Para uma discussão sobre a noção de longo ou extenso presente em Guy Debord e em outros pensadores, cf. SOUZA (2021) e GUMBRECHT (2011).

a atenção para algo ao mesmo tempo urgente e muito incômodo, que poderia ser classificado sob a categoria do inquietante (*das Unheimliche*) que tanto fascinava Freud: o fato de docilmente abrirmos mão de nossas vidas concretas para preservarmos de qualquer maneira nossas simples existências biológicas, confundindo assim os limiares entre a indiferenciada *zoé* e a vida nua própria dos *muselmänner* condenados nos campos da morte alemães. O auge da má-fé dedicada ao pensamento do filósofo italiano se deu quanto certos comentadores – não passam disso, comentadores – citaram a epígrafe de Montaigne que abre o texto de Agamben intitulado *Distanziamento sociale*, vendo nela, de maneira grotesca, uma espécie de celebração da morte por parte de Agamben, como se ele não se importasse com as milhares de vidas ceifadas pelo vírus. No entanto, o fragmento de Montaigne diz coisas bem diferentes. Basta lê-lo: "Não sabemos onde a morte nos espera, esperamos por ela em todo lugar. A meditação da morte é a meditação da liberdade. Quem aprendeu a morrer, desaprendeu a servir. Saber morrer nos liberta de toda sujeição e de toda constrição". Como se vê de forma claríssima, não há qualquer elogio da morte, mas a simples percepção filosófica de que não é a morte – com a qual tudo acaba, inclusive a filosofia e o vírus –, e sim a *autorrepresentação da morte* que pode nos libertar do império do medo e dos afetos tristes com que fomos moldados.

Como vimos no primeiro capítulo, não se trata de uma ideia original de Agamben ou de Montaigne, sendo antes um velho tópico da filosofia, que vai desde os estoicos e a arte de morrer bem, que se chama vida para Sêneca, até às discussões contemporâneas sobre a singularização propostas por Heidegger. Ao que nos parece, a *meditatio mortis* –

que se liga à *meléte thanátou* grega aludida por Foucault em um de seus últimos cursos, *A hermenêutica do sujeito* – a que Agamben faz referência é um potente contradispositivo que se pode opor ao capitalismo neoliberal – essa religião sem tempo e sem espaço – para historicizá-lo e assim historicizar a nós mesmos, ou seja, nos incluir em uma dimensão ao mesmo tempo impessoal e íntima na qual, por sabermos representar nossa mortalidade, por nos reconhecermos finitos, somos então capazes de superar a culpa que nos leva a querer sempre mais e mais bionecropolítica, mais e mais garantias, mais e mais servidão. Nessa dimensão, indo além da inocência das crianças e dos animais, poderemos não simplesmente nos tornar imunes ao vírus ou à morte, mas compreendermos que uma vida *des-culpada* é aquela que sabe *pelo que* morrer. Afinal, aquele que não tem razões para morrer, tampouco as tem para viver.

Fusão

Um dos grandes efeitos da pandemia é a inequívoca demonstração, para aqueles que insistem em negá-lo, do caráter suicida do capitalismo e da força que a natureza tem quando se trata de maximizar seus efeitos negativos. Pouco importa a origem natural ou humana do novo coronavírus, dado que seus efeitos desconhecem essa divisão, intensificando-se por meio de estruturas ao mesmo tempo naturais e humanas. Só um sistema político-econômico-social que leve em conta essa complexidade – algo impraticável no capitalismo, que trata a natureza como mera matéria-prima, como dimensão separada e pura "externalidade" a ser controlada – pode oferecer soluções efetivas à crise em que sobrevivemos. Desse modo, não faz sentido a discussão sobre vida ou economia que se desenvolveu com fervor nas redes sociais e nos mais diversos fóruns, tendo em vista as conclamações de volta ao trabalho de parte da população para que a economia não fosse "destruída". Pensar assim significa raciocinar em termos de díades, de natureza (vida) ou cultura (economia) que não se comunicam, quando o problema a ser vencido não é nem totalmente natural nem totalmente humano-cultural. Somente uma mudança completa em nossas formas de vida garantiria a vitória em face desta pandemia (e de outras), já que ela não é algo isolado, mas um perfeito exemplo do nível de complexidade a que chegamos. Qualquer ação que privilegie apenas um dos lados do problema, natural ou cultural, está fadada ao fracasso. Mais do que bradar pela volta da normalidade, precisamos entender que o que vivemos até aqui nada tem de normal, pois só pôde gerar e manter um sistema separador que constantemente sacrifica vidas à economia. Eis a "normalidade" do sistema capitalista. Não admira, portanto, que para retomá-la se exija a escolha entre vidas ou economia, natureza ou cultura. Ora, é preciso destituir o sistema capitalista e inventar formas de *con-vivência* em que a vida não precise ser sacrificada à economia, em que não haja separação entre vida e economia e em que não estejamos enfrentados com o planeta.

Um primeiro passo nesse sentido, segundo Isabelle Stengers (2008), pode se dar mediante uma efetiva aproximação – eu diria mais: "fusão" – entre, de um lado, a filosofia e as ciências humanas e sociais e, de outro lado, as ciências naturais e exatas, para que umas esclareçam às outras as respectivas zonas de sombra que as habitam. Assim, por exemplo, se cabe às ciências naturais desenvolver vacinas e tratamentos para a COVID-19, o papel das ciências sociais consiste em demonstrar as consequências de sua monopolização por apenas um país, como queria Donald Trump, ou o seu oferecimento somente àqueles que podem pagar altos preços. Nesse convite à consideração total de um fenômeno complexo não há qualquer moralismo, mas uma exigência dos tempos atuais: seria pouco efetivo imunizar apenas os estadunidenses ou os ricos e deixar o resto do mundo à mercê da COVID-19, dado que não haveria com quem comerciar e se relacionar; ou o vírus poderia mutar e novamente atacar aqueles que foram imunizados, entre várias outras hipóteses. Meu exemplo simplório apenas indica o óbvio que está marcado no novo coronavírus, esse evento ao mesmo tempo humano e natural: só superaremos realmente a crise pandêmica com a criação de sistemas políticos-econômicos-sociais que não sejam apenas isso, mas também naturais e *an-árquicos*, de modo que se possa dar um fim ao Antropoceno enquanto marca da intrusão humana que devasta o planeta, preparando assim a nossa reconciliação com Gaia. Que é uma reconciliação com nós mesmos.

Forma-de-vida não-fascista

Ainda sobre o livro de Schürmann (1982), Giorgio Agamben entende que seu limite é claro, já que o autor tenta separar, sem sucesso, os dois sentidos da *arkhé* que nossa cultura sempre entrelaçou: origem e comando, *principium* e *princeps*. São, segundo a economia antropogenética que Agamben desvendou com maestria em *O uso dos corpos*, os dois polos de uma mesma máquina exclusivo-inclusiva que sempre tem como seu secreto fundamento – seu princípio, sua *arkhé* – aquele elemento que aparentemente vem negado. Assim, origem e comando compõem uma das díades analisadas por

Agamben – tais como *zoé* e *bíos*, animal e humano, direito e anomia, poder constituído e poder constituinte, reino e glória etc. – que não podemos simplesmente inverter ou destruir, mas desativar, ou seja, fazer parar seu funcionamento ao expor o núcleo constitutivamente vazio – *an-árquico*, em sentido próprio – da máquina antropológica. Por isso Agamben conclui que a anarquia nunca pode estar em posição de princípio – como é o caso do título paradoxal do livro de Schürmann, *Le principe d'anarchie* –, mas apenas liberar-se em um contato, "lá onde tanto a *arkhé* como origem quanto a *arkhé* como comando são expostas na sua não-relação e neutralizadas" (AGAMBEN, 2014, pp. 348-349), sob pena de a díade se reconstituir sob novas e terríveis roupagens capazes de nos fazer entender porque um dos quatro tetrarcas fascistas de *Salò* afirma que a verdadeira anarquia é a do poder. Mas como liberar a anarquia de sua ilusória vinculação com o princípio e assim evitar que se transforme em comando? O que significa passar de uma anarquia para uma *an-arquia*, considerando que nessa construção há mais do que um simples jogo linguístico? O que seria, enfim, uma *an-arquia* liberada de si mesma e espalhada no ar como um vírus ao qual não se pode resistir?

Uma forma-de-vida desinstituinte não é imune à história. Tendo sofrido a passagem dos tempos, hoje ela pode perceber que o tempo fez o seu tempo. Não se trata, portanto, de uma abstração, e sim de uma vida sem princípios, *an-árquica* e, portanto, ligada umbilicalmente à história, que a circunda com o anel de fogo do indeterminado, a demonstrar que, se todas as configurações políticas e vitais são possíveis, nem todas potencializam, nem todas fazem viver, tais como aquelas típicas do empreendedor neoliberal ou do fanático religioso que, de uma forma ou de outra, se juntam ao coro dos fascistas para celebrar a morte dos que não venceram no darwinismo social imperante ou dos que não acreditaram na verdade revelada.

Uma forma-de-vida *an-árquica* não é mais do que seus modos, não é mais do que suas ações e pensamentos. Ela não cinde o Ser entre o que ele é em sua "essência" e as maneiras pelas quais age ou pensa, instaurando o espaço infinito da culpa que surge dessa fratura. Ao contrário, por se fundar em um negativo – que aqui podemos chamar de "não-fascista" –, essa vida *an-árquica* permanece sem princípios, entregue a uma ausência que, contudo, é plena potência: cumpre-lhe viver de outra maneira, não simplesmente constituinte ou destituinte, mas *desinstituinte*, quer dizer, carregando em si o peso da história sempre em disputa, buscando escapar das instituições dadas e herdadas, negando-as pelo que há de fascismo ontológico em cada uma de suas configurações epocais. Dessa maneira, o paradoxo a que me referi no início deste capítulo, relativo a uma política *an-árquica*, longe de ser mero problema linguístico, se desvanece diante desse *não*, o não-fascista que, como recusa, funciona agora como abertura para experiências alternativas, nunca enquanto fundamento ao qual se deva permanecer fiel. Sem princípio e sem comando é somente aquela vida que se resume a seus modos. Estes, contingentes e frágeis, são por outro lado a garantia de uma *parrhesía* existencial em que as ações e os pensamentos não destoam uns dos outros e se autoimplicam, se exigem na construção não da Verdade, mas de um falar, um agir e um pensar verdadeiros que não se deixam separar. Só a partir dessa experiência pode surgir uma política *an-árquica* cujo centro já não seja nem culpa nem crise, mas a exposição do in-fundado que significa existir.

Desinstituição

É conhecida a crítica a Deleuze no sentido de que sua obra não possuiria uma valência política específica, e isso apesar de ele ter afirmado com todas as letras que "o próprio Ser é político" (DELEUZE, 1990, p. 119). Tal se dá, segundo a leitura de Esposito, porque no pensamento deleuziano não há lugar para o negativo, de modo que toda realidade, lida pela lente da imanência absoluta, se resolve em puro devir indeterminante, já que "a incorporação do político no fluxo ininterrupto do devir comporta a sua dissolução como força antagonista" (ESPOSITO, 2020, p. 78). De fato, se tudo é político, nada é político.

Tal crítica, apesar de interessante, parece não acertar o alvo do projeto de Deleuze, que visa superar as cisões que conformam a própria estrutura do presente capitalista, ou seja, aquilo que Debord chamava de espetáculo: a separação consumada sob a forma da acumulação de imagens que exilam os seres humanos em uma esfera não temporal (eterno presente) e não linguística (indiferença entre verdadeiro e falso). Para Deleuze, a total politização da vida exige a total imanentização vital da política, dado que esta não constitui algo que pode ou não se agregar ao Ser, e sim a sua dimensão mais íntima e autêntica, a sua constituição sempre des/cons/tituinte de si mesma. A política, nessa perspectiva, só é inteligível como forma-de-vida e não enquanto algum atributo que possa posteriormente qualificar e especificar o Ser. Tal não acarreta, contudo, uma perda do caráter antagonista característico da política.

Como afirmei na seção anterior, a vida política se revela como forma-de-vida não-fascista. O fascismo aparece aqui enquanto tentativa de bloqueio do curso da imanência, como a sempre renovada e violenta pretensão de reconstruir o velho, negar o fluxo e impedir a mudança. Nesse sentido, são fascistas as conclamações bolsonaristas de volta à "normalidade", pois objetivavam denegar e recalcar o evento COVID-19 em nome de uma infinita repetição do mesmo. São igualmente fascistas as autonarrativas que o capitalismo aparentemente triunfante faz de si mesmo, pretendendo ser o fim da história, depois da qual nada de novo pode surgir, havendo apenas a repetição do mesmo. Assim, fascista não é só uma corrente da política italiana tristemente exportada para o resto do mundo a partir dos anos 20 do século passado, mas um movimento do real que nega a si mesmo ao bloquear a transformação e a mudança, vedando o acesso a indefiníveis virtuais. Nesse contexto, a forma-de-vida não--fascista é aquilo que confere especificidade à política, sem, contudo, funcionar como um negativo substancial que cria cisões ontológicas.

Não existe destituição que não seja constituição. Porém, ambos os processos não têm o mesmo estatuto ontológico. Toda destituição existe para abrir caminho a novas e imprevisíveis constituições. Entretanto, prefiro o termo *desinstituição*, muito mais modesto por não ter caráter ontológico (constituição sim, o tem), mas simplesmente histórico, dado que sua operação mais marcante consiste em negar *o que está aí* – tenho consciência desse *détournement* do grotesco chavão característico do deserto mental das subjetividades bolsonaristas, restando apenas reafirmar a obviedade de que Bolsonaro e seus *minions* traduzem à perfeição *o que está aí*

e, portanto, precisam ser desinstituídos. Resumo: a forma-
-de-vida não-fascista, sempre desinstituinte, é um princípio
não principial, um princípio *an-árquico* que nega toda e
qualquer tendência de imobilização da imanência; parali-
zação que, de resto, me parece impossível. Viver uma vida
não-fascista significa se abrir à vida e à morte, mas também,
e principalmente, acelerar as condições imanentes para que
a *an-arquia* seja liberada de qualquer princípio ou comando
e se revele toda-potenciante. Viral.

Neither reloaded nor revolutions

No segundo episódio da trilogia *Matrix* – que agora estupidamente se tornou uma tetralogia –, os habitantes de Sion, a
última cidade humana, respondem inconscientemente aos
ecos da peste de Atenas por meio de uma singular sobrevivência (*Nachleben*) de formas pagãs, um engrama que teria
feito Aby Warburg sorrir: diante da ameaça de extinção da
raça humana patrocinada pelas máquinas governantes, a
primeira medida consiste em organizar uma boa e total or-
gia, uma festa *rave* em que o sisudo Morpheus mostra pelo
que luta. É claro que, depois da *débauche*, a epopeia se re-
constrói e eis que temos os grandes heróis e heroínas em
seus novos trajes de metal, prontos para enfrentar as máquinas. Estas, por seu turno, não são culpadas. Elas estão
aquém dessa dimensão porque não podem ser julgadas e,
portanto, não conhecem o que foi ou é a culpa. Sua progra-
mação só lhes oferece duas opções: dizimar os humanos ou
se submeter à escravidão que eles lhes imporão. A escolha
das máquinas, criadas à imagem e semelhança dos seres humanos, não nos surpreende. Todavia, por mais que nossa
história tenha nos oferecido até hoje somente as mesmas

alternativas que impusemos às máquinas, isso não significa que devemos nos limitar a destruir ou a sermos destruídos. Podemos mais. Somos mais do que máquinas, sejam elas desejantes ou antropológicas. Podemos mudar. Porque, para muito além das máquinas, somos filhos dos vírus.

POVO E DEMOCRACIA

O argumento do psicopata

É comum para aqueles adestrados nos hábitos do velho dicionário de política rejeitar qualquer proposta radical de sociabilidade ao confrontá-la com os defeitos e os problemas das sociedades hoje existentes. Dessa feita, tanto em discussões acadêmicas quanto naquelas mais próximas do senso comum, se costuma esgrimir contra a possibilidade de uma democracia radical a ideia de que certas pessoas – um assassino psicopata, por exemplo – sempre precisarão ser controladas e limitadas por estruturas excludentes ou de qualquer modo separadoras e hierárquicas, havendo também pessoas que, devido ao seu baixo potencial cognitivo ou por seu desinteresse pelos problemas coletivos, inevitavelmente deverão ser representadas, com o que projetos sociais acêntricos, horizontais e não hierárquicos seriam ilusões irresponsáveis, próprias de sonhadores utópicos que não entendem "como a vida é". A insuficiência desse tipo de argumentação está no fato de se julgar o possível ou o potencial com base no real, trasladando acriticamente e sem maiores considerações um problema típico de certa sociedade a outra que ainda não existe de maneira integral e intensificada.

Não pretendo defender a ideia ingênua que inspirou muitos marxistas ortodoxos, para os quais na sociedade futura seria impossível o surgimento de certos tipos de pessoas, sendo o crime e o desajuste social em sentido amplo fenômenos basicamente capitalistas. Segundo o credo oficial marxista, graças ao fim do capitalismo acabaria a pré-história selvagem em que sobrevivemos e as pessoas viveriam felizes para sempre, sem dissenso, sem disputa, sem direito e sem Estado. Contudo, essa "solução" futurológica e carente de qualquer seriedade no trato com o problema das subjetividades apenas reforça a impossibilidade de se pensar fora dos termos da pergunta do adversário e de seu dicionário de política oficial.

Por minha parte, responderia primeiro que a técnica de intimidação e de securitização epistêmica que impede o pensamento – e, consequentemente, a práxis – de avançar rumo a formas alternativas e radicais de democracia, baseando-se na suposição da presença sempre ameaçadora de figuras espetaculares e sumamente perigosas, constitui na verdade uma das estratégias fundamentais de domínio do atual sistema político-jurídico que, como bem argumenta Eugenio Raúl Zaffaroni, precisa desses elementos ameaçadores – o ladrão onipresente, o sociopata em cada esquina – para manter sua função precípua, qual seja, o controle social geral por meio da uniformização das condutas dos "homens de bem", subjetivados pelo medo graças à constante penalização daqueles poucos que, exemplos vivos, se tornam clientes habituais do sistema de segurança. Zaffaroni afirma que se esses bodes expiatórios não existissem, teriam que ser inventados (ZAFFARONI, 2012, p. 422).

E é exatamente isso que fazem – criar bodes expiatórios – os críticos securitizados da democracia radical. Vendo-a de modo simplista e errôneo como uma comunidade pacificada – uma espécie de grande e inconsequente acampamento *hyppie* –, eles insistem em lá introjetar a serpente para demonstrar a vacuidade de todo projeto que não seja uma cópia mais ou menos fiel do mundo atual, com suas hierarquias, prisões e garantias de que nada vai mudar. O sujeito perigoso e insociável representa, para os detratores da democracia radical, um perfeito e constantemente explorável *deus ex machina* invertido – invertido porque não resolve nada, apenas impede a resolução e o desenvolvimento de novas tramas –, sempre pronto a surgir diante de qualquer pensamento que se rebela contra o meramente real.

Um segundo ponto a se ter em conta para rejeitar o "*tópos* do psicopata" reside na consideração do lugar social do qual surge esse discurso defensivo, que é, obviamente, o de certa classe privilegiada, que compreende a segurança individual da vida e da propriedade enquanto definidores inafastáveis das subjetividades de seus integrantes. Só os protegidos pelo atual sistema nômico podem articular objeções a estruturas alternativas de política e de direito em que as antigas garantias deixarão de existir. Por seu turno, boa parte da humanidade não tem qualquer garantia efetiva que proteja sua vida, não apenas convivendo cotidianamente com "psicopatas" e assassinos, mas também devendo respeitá-los enquanto instâncias do Estado capitalista, como, por exemplo, o são muitos policiais corruptos e traficantes de drogas nas favelas do Brasil. Diante da proposta de uma democracia radical que teria o inconveniente de inserir figuras perigosas na sociedade, qual seria a desvantagem para pessoas que, no atual cenário político-jurídico, já convivem diariamente com a concreta ameaça de extinção? Em casos assim, os oprimidos somente teriam a perder os seus grilhões, como vaticinava Marx. Situações de insegurança, imprevisibilidade e medo integram a existência "normal" da maioria das pessoas no mundo e, portanto, não podem servir como justificativas universais para a impossibilitação da democracia radical, funcionando apenas enquanto justificativas de classe; mas, nessa hipótese, ao aceitá-las se retorna ao paradigma capitalista, abandonando as potencialidades da perspectiva radical.

Essa constatação leva a uma terceira dimensão, que diz respeito ao papel da violência nas sociedades democrático--radicais. Nunca é demais repisar que não estou propondo o paraíso na Terra, quando todas as diferenças seriam subsumidas em uma igualdade exterior, a-histórica e pacificadora. Tal quadro utópico ilustra precisamente o contrário do projeto de uma democracia radical intensificada, quando o conflito – e eventualmente a violência que dele pode surgir – é tomado enquanto condição estrutural da sociedade. De fato, a democracia radical corresponde à sociedade do conflito, não podendo garantir soluções mágicas para o problema da violência. No entanto, ao considerar tal problema abertamente, a democracia radical nos obriga a pensar modos de conviver com a violência, ou seja, a refletir sobre como resolver os diversos desafios sociais que a violência constantemente coloca.

Um pensamento realista e imanentista precisa levar a sério a violência, entendendo-a enquanto estrutura social que dificilmente será banida das práticas humanas, sejam elas quais forem. Ademais, há que se reconhecer que em uma democracia radical as soluções e as respostas às diversas violências são sempre localizadas, precárias e parciais. Ao aceitar conviver com a violência e ao lidar com ela de maneira contextual, a democracia radical cumpre uma função "pacificadora" muito mais efetiva do que as sociedades estatais, que pretendem legitimar certo tipo específico de violência – aquela exercida pelas agências oficiais do sistema político-jurídico – ao monopolizá-la. Em uma democracia radical não se justifica ou se monopoliza a violência, o que só serve para incrementá-la, alastrando-a pelo tecido social e favorecendo paradoxalmente o constante surgimento de "violências rivais". Trata-se antes de compreender a violência enquanto dado antropossociológico estrutural das sociedades humanas e que veio para ficar; por isso ela não precisa ser justificada ou legitimada por um mecanismo central de gestão. Ninguém nunca pensou em justificar ou legitimar a linguagem comum. Entendida enquanto dado social estrutural, a linguagem simplesmente existe em uma dimensão de injustificabilidade, sendo óbvio que precisamos lidar com ela para constituir nossas sociedades e a nós mesmos. Ao contrário, quando a linguagem se separa da sociedade e se hierarquiza – um exemplo disso é a linguagem específica dos juristas –, passa a ser necessário legitimá-la, já que então ela se tornou um *locus* de exercício do poder de mando. O mesmo ocorre com a violência. Uma vez separada da tessitura social em relação à qual ela é constitutiva, passando a ser hierarquizada e monopolizada, ela exige constantes justificações, pois se tornou poder-autoridade (*Gewalt*). Diferentemente, o que proponho não é uma justificativa da violência monopolística, separada e hierárquica, mas a experiência democrático-radical da abertura de múltiplas práticas mutantes que objetivam redirecionar, ressignificar e, em casos realmente intoleráveis, controlar a violência.

Em quarto e último lugar, é preciso lembrar que me refiro a identidades mutantes e abertas à indeterminação, o que de fato pode incluir várias características que hoje são tidas como socialmente indesejáveis, o que apenas demonstra que a democracia radical não é uma utopia irresponsável, mas uma seríssima forma de organização social dos afetos, das sensibilidades e dos corpos dos seres viventes que se arriscam a ser iguais em suas singularidades, comportando-se enquanto garantias vivas do desejo de liberdade, a exemplo do que fazia o parresiasta grego. Ocasionalmente isso pode levar a considerar razoável o escândalo não só de conviver com o diferente – tarefa, aliás, que o liberalismo político mais progressista já reconhece, ao menos retoricamente –, exigindo muito mais: a convivência com o perigoso, o hostil, o inimigo, desde que, contudo, essas identidades não sejam fixas e se submetam ao fluxo e à abertura que nasce do confronto *como* encontro. Eis aí o político em seu mais alto grau, o que inclui a possibilidade de extinção dos seres viventes já não securitizados e modelados pelo medo, mas radicalmente liberados do poder separado e entregues a si mesmos.

Em síntese, entendo que o "argumento do psicopata" repete pura e simplesmente, como não poderia deixar de ser, a nossa específica – e por isso mesmo imperceptível – declinação política epocal, que não pode deixar de ser biopolítica. Ver naquilo que Benjamin chamava de "mera vida" (*bloße Leben*) – e que Agamben reconfigurou (talvez apressadamente) sob o sintagma da "vida nua" (*nuda vita*)[16] – a denegação definitiva e inultrapassável das potencialidades

---

[16] Entendo que a transposição da "mera vida" de Benjamin para a "vida nua" de Agamben é apressada porque, ao que me parece, a figura pensada pelo alemão se traduziria melhor sob a categoria da *zoé* proposta pelo italiano, a qual não se confunde com a vida nua. Sem poder aprofundar aqui os termos dessa fascinante discussão, indico ao menos um texto dedicado a organizá-la: SALZANI (2015).

abertas por inéditas formas de organização social não passa de uma tática de securitização biopolítica que apela à camada mais profunda do nosso ser – que é, ao mesmo tempo, a mais rasa –, esta que sempre nos indica a necessidade total e urgente de *perseverare in esse suo*, como se a mera vida, a simples sobrevivência orgânica, fosse o único e indiscutível determinador da política, tal como Hobbes teorizou.

Conviver com pessoas e situações que podem colocar em risco nossa sobrevivência imediata exige uma desativação do dispositivo biopolítico, para assim percebermos que a vida política não se confunde com a vida meramente existente. Aliás, é essa defasagem entre vida política e mera vida que funda a potencialidade de uma democracia radical em que continuamente se abre a possibilidade de superação da ordem mítica, destinal e culpabilizante que nos obriga a conservarmos nossas existencialidades biológicas a qualquer preço, procedimento que reconfirma a esfera do comando e da hierarquia em que se espera apenas existir e que, paradoxalmente, ameaça nossas vidas da maneira mais absoluta.[17] A democracia radical é muito mais exigente e requer, como preceitua o Marquês de Sade, um esforço a mais.[18]

---

[17] É o que pensa também uma benjaminiana consumada como Jeanne Marie Gagnebin (2014, pp. 54-55): "Enquanto a vida humana em sua mera naturalidade for a categoria mestra de sua existência, isto é, enquanto o homem não ultrapassar, por uma decisão moral livre, esse dado primeiro e se arriscar a colocá-lo em questão; enquanto ele não se arriscar a morrer, abandonando o domínio de sua mera sobrevivência natural, o homem continua entregue às forças do mito e do destino [...]".

[18] Minha ironia evoca o panfleto *Franceses, mais um esforço se quereis ser republicanos*, contido em SADE, 1999. Nele o Marquês ridiculariza a estreiteza da Revolução Francesa e convida a uma radicalização erótica das ideias de igualdade, liberdade e fraternidade.

Singularidades

No contexto de comunidades democrático-radicais se assume a possibilidade de permanentes diálogos entre as identidades, que não são capturáveis pelos mecanismos de poder conglobante do Estado e do mercado, dado que elas não apresentam a fixidez necessária à inclusão nas categorias fechadas – negro, mulher, homossexual, trabalhador, intelectual, psicopata etc. – mantidas pela maquinaria político-econômica. Tal ocorre porque as identidades já não são mais reconduzíveis a uma unidade transcendente ou transcendental, constituindo-se diferencialmente na medida em que se relacionam entre si (LACLAU; MOUFFE, 2001, p. 167). Como notam Chantal Mouffe e Ernesto Laclau, ao contrário do que defende boa parte da esquerda tradicional, a multiformidade dos sujeitos não deriva da fragmentação exigida pela lógica capitalista, configurando antes o terreno que permite o aprofundamento da democracia, sem negar com isso as ambiguidades e as dificuldades próprias de todas as práticas de articulação e de recomposição das identidades (LACLAU; MOUFFE, 2001, p. 166).

Por meio dessas identidades múltiplas e mutantes, despontam as *singularidades* que assumem a totalidade do mundo enquanto possibilidade, resultando das tensões e diálogos mantidos entre os membros dos vários grupos sociais e não da segura e racional redução do sujeito às identidades coletivas disponíveis no "mercado" político ou econômico, para usar a certeira expressão de Pierre Bourdieu. Nessa perspectiva, a "natureza humana" se revela enquanto algo eminentemente histórico. Daí porque Debord (1992, § 125) afirme que o ser humano é idêntico ao tempo, de modo que se apropriar da história só pode significar se apropriar da consciência de ser um ente histórico. Assim, a identidade deixa de ser concebida como um ponto ou um feixe de pontos que se deve garantir a todo custo, mostrando-se antes enquanto processo histórico. De fato, a identidade não consiste em uma coisa que se possa manejar ou trocar, sendo antes uma dimensão do tempo referida ao sujeito.

Para entender essa dinâmica, é preciso ter em mente a ideia de singularidade que entrou para a história da filosofia contemporânea graças a Gilles Deleuze e sua árdua obra *Diferença e repetição*. Nesse texto, Deleuze demonstra que a diferença somente pode ser pensada a partir de um jogo entre *universal* e *singular*. Na contramão de outros pensadores que moldaram a maneira como compreendemos nossa realidade, ele afirma que a diferença jamais pode surgir da relação entre o *particular* e o *geral*, dado que o particular sempre se apresenta como uma versão imperfeita do geral, um "caso" do geral, sendo, afinal, uma sua representação. Assim, em certo sentido, particular e geral são a mesma coisa, motivo pelo qual não podem surgir diferenças positivas no jogo entre eles. Além disso, o particular se refere a uma presença ausente, ou seja, o geral, que não está em lugar nenhum, a não ser na cabeça dos filósofos. Por ser apenas o decalque de uma ausência, uma versão de algo que nunca está aqui, o particular não se abre para a mudança; ele apenas repete, em escala reduzida, a forma do geral (DELEUZE, 1968, p. 303). O particular depende do geral e o reforça enquanto padrão de si mesmo, tratando a diferença a partir de uma *dimensão negativa de exclusão*, tal como acontece, por exemplo, quando se pensa o homem em geral – branco, heterossexual e europeu – e se afasta desse modelo todos aqueles que dele se diferenciam, vistos então como "não-homens".

Isso não ocorre com as ideias de singular e universal, das quais surge uma *diferença positiva* e produtiva, criativa e potente. Baseando-se em Nietzsche, Deleuze nota que a repetição do mesmo é impossível. Sempre que se repete, vem ao mundo algo novo, ainda que seja imperceptível em um primeiro momento. A diferença é esse *novum* que diferencia as singularidades repetidas. Com efeito, a diferença consiste na inevitabilidade das variações que conformam a repetição. Repete-se sempre o singular. A própria noção de repetição traz em si a exigência do singular e com ele potencialidades de transformação que jamais se resolvem em padrões gerais. Segundo Deleuze, o singular possibilita o mecanismo diferencial que reside na própria estrutura daquilo que é repetido (DELEUZE, 1968, p. 28). Nesse sentido, em termos mais concretos:

> Uma identidade singular não indica uma lei geral ou uma identidade estável da qual se desvia, mas uma multiplicidade que ela afirma e constitui. Por exemplo, a repetição de "um homem" provoca uma variedade de expressões em nome de "um homem". A repetição enfraquece e distorce a ideia de um ideal masculino geral. A própria repetição dos homens distorce a noção de "homens em geral". Cada homem aparece como expressão do universal "homem" de modo que, por exemplo: este é um homem que chora, este é um homem que perde o controle, este é um homem que usa saia, este é um homem tatuado etc. – todas expressões que indicam uma multiplicidade de homens. [...] A singularidade da repetição, portanto, não se perde, segundo Deleuze, na indeterminação, mas contém a capacidade de captar o potencial infinito da vida "antes da organização", antes da adição da lei. A noção de repetição de Deleuze revela assim uma *virtualidade* (REDELL, 2014, pp. 114-115).

Eis porque cada ser humano é diferente dos demais, por serem todos e cada um a repetição, criativa e singular, do universal "ser humano", e não simplesmente uma derivação particular de um molde geral de caráter platônico. Nessa perspectiva, entendo que a política revolucionária começa com a luta pelas identidades – fazendo-as visíveis e ligando-as a reinvindicações e movimentos de contestação –, mas não termina aí (HARDT; NEGRI, 2009, p. 326). Para se garantir não simplesmente a emancipação das identidades, mas a liberação da sufocante prisão da fixidez identitária, é preciso que elas se tornem singularidades, assumindo as três características básicas dessa formação subjetiva: toda singularidade se constrói tendo em vista uma multiplicidade de outras singularidades que estão fora dela, ao mesmo tempo em que, no seu interior, ela também se segmenta em multiplicidades que lhe conferem caráter próprio.

Em terceiro lugar, entendo que as singularidades só existem no movimento e no devir, sendo monstruosas – por excessivas – e mutantes (HARDT; NEGRI, 2009, pp. 338-339). Com efeito, as multiplicidades democrático-radicais não são expressões de uma totalidade que as transcenda, afastando-se assim da tradição dialética hegeliana (LACLAU; MOUFFE, 2001, p. 191). Nas democracias radicais, as multiplicidades permanecem múltiplas e diversificadas, inassumíveis por qualquer lógica externa da representação ou da unificação, já que o movimento está nas identidades mesmas e não no processo histórico-teleológico impessoal que apontaria para sua suprassunção em uma unidade autocoerente e totalizante, como se dá no pensamento de Hegel e no do marxismo clássico.

Lutas identitárias

Para além de seu caráter aberto e mutante, as identidades sociais traduzidas em singularidades são autocontraditórias, pois o mesmo sujeito assume ao longo da vida – e às vezes em um único dia, como o Leopold Bloom de *Ulysses* – várias identidades que podem ser conflitantes, a exemplo das de trabalhador e consumidor. Ernesto Laclau (1986) demonstrou como as conquistas políticas do operariado determinaram, com a melhoria de suas condições de trabalho, uma descentralização em relação à identidade de classe e o surgimento de outros âmbitos identitários que o discurso uno da representação – um grupo político, um interesse central a ser representado – é incapaz de englobar.

Daí a necessidade, indicada por Laclau e Mouffe (2001), de um *princípio democrático de equivalência* capaz de continuamente reconstituir e reunir as identidades mutantes em um mesmo terreno de antagonismos, fazendo respeitar a igualdade dos sujeitos a partir da compreensão de que as lutas identitárias – das mulheres e dos negros, por exemplo – são também e principalmente lutas contra a opressão – tal como a dos operários. Evidenciam-se assim as limitações dessas equivalências democráticas, que nunca são totais, por se constituírem tendo em vista os desníveis e as precariedades do terreno social, motivo pelo qual a igualdade presente na ideia de equivalência deve ser equilibrada por uma exigência de liberdade materializada no pluralismo e no reconhecimento das diferenças dos espaços de formação identitária.

Há, portanto, uma sobreposição contínua e conflituosa de identidades que se revela não apenas na mutabilidade das singularidades, mas na multiplicação das posições de sujeito, realidade que exige uma forma política capaz de dar conta dessa complexidade em que a mescla e a hibridação ocupam o lugar da pureza e da unidade. Para tanto, o modelo clássico de sociedade, baseado na justaposição atomística de indivíduos que existem enquanto essências e *egos* a-históricos, deve ser superado em favor da criação de associações e comunas em que as identidades pessoais se modificam no processo de geração de uma ideia de bem comum capaz de transcender o individualismo.

Claro que, em uma perspectiva pós-moderna, o elemento transcendente do "bem comum" – verbete central do dicionário de política tradicional – precisa ser abandonado, eis que as associações ou as comunas devem ser tão diversas quanto seus integrantes. Vale a pena recordar aqui, profanando-a, a clássica lição de Alexis de Tocqueville (1996), para quem a participação em associações tem três funções: a) ensinar as pessoas a resolverem seus problemas sem a necessidade de apelar às autoridades estatais; b) criar um espírito de solidariedade social sem o efeito disciplinar próprio das corporações de tipo medieval; e c) funcionar como escola para a democracia. Na perspectiva que sustento, as associações mantêm as identidades mutantes e singulares na mesma medida em que criam as condições para sua contínua reconstrução, destruição, problematização e afirmação, o que se dá enquanto processo no qual o "bem comum" não aparece como dado originário, e sim enquanto resultado sempre precário das interações entre as identidades em permanente construção.

Aqui é importante considerar a diferença entre regimes totalitários e regimes pluralistas exposta por Ernst Fraenkel (1991a, p. 307) – ainda que não seja aceitável a sua proposta central acerca da necessidade de um Estado capaz de garantir o pluralismo – em polêmica direta com Rousseau, tido pelo pensador alemão como o "apóstolo do antipluralismo" e o pai da ideia autoritária de democracia enquanto identidade. Para Fraenkel, os regimes totalitários se legitimam graças à referência a um suposto bem comum que preexiste em relação à sociedade e é tomado enquanto dado *a priori*. Já os regimes pluralistas derivam sua legitimidade de inúmeros acordos constantemente revisitados pelos diversos grupos que formam a sociedade, assumindo assim que o bem comum se constitui politicamente, ou seja, sempre *a posteriori*; não *apesar* do conflito, mas precisamente *por causa* do conflito (FRAENKEL, 1991b, p. 330).

Como disse antes, minha leitura não se resolve em uma negação pura e simples da identidade, o que, de resto, seria impossível. Nesse sentido, a identidade deve ser compreendida como ponto de partida e não enquanto ponto de chegada das lutas sociais. Sempre agimos com base em identidades e é esse elemento que dá sentido ao mundo social. Todavia, precisamos evitar a qualquer custo que sujeitos e identidades se confundam, pois assim as determinações econômicas, políticas e culturais que dão realidade às identidades se naturalizariam sob a forma de determinações ontológicas duras. Isso significa que lutas por reconhecimento de identidades – como a negra e a feminina – não são desprovidas de valor, mas fundamentais para a contínua construção de uma democracia radical. Contudo, essas lutas não podem se apaixonar por si mesmas e absolutizar as identidades que afirmam. Ao contrário, a luta por reconhecimento identitário precisa desembocar em lutas mais amplas pela libertação da lógica proprietária das identidades, efetivando assim o caráter aberto e indeterminado com o qual se constrói (e se desconstrói) qualquer campo identitário radical.

Trata-se de levar a sério a diferença indicada por Nancy Fraser (2003, p. 75) entre estratégias afirmativas e transformadoras. Segundo a autora, as estratégias afirmativas buscam ampliar o espaço de poder institucional nele incluindo novas demandas e novos sujeitos sem, no entanto, questionar suas estruturas opressivas, utilizando uma lógica que alguns marxistas clássicos chamariam de "reformista". Por seu turno, as estratégias transformadoras se dirigem diretamente ao cerne do sistema de poder enquanto tal, pretendendo dissolver as oposições com que ele se estrutura, bem como questionar as profundas desigualdades que o mantêm. No que diz respeito às identidades, Fraser afirma que a política multiculturalista da inclusão corresponde a uma estratégia afirmativa, enquanto a desconstrução das oposições simbólicas entre as identidades seria uma estratégia transformadora.

O caráter aberto e indeterminado das identidades singulares, que se revela apenas em sua contínua autorreprodução biopolítica, constitui o alvo dos mecanismos de normalização característicos do capitalismo, que lança mão da propriedade privada para construir subjetividades individuais que competem umas com as outras, mas que, paradoxalmente, se unificam enquanto classe para a preservação de seus privilégios. Diante dessa configuração, Hardt & Negri (2009, pp. 39-40) pensam a pobreza da multidão enquanto um excedente identitário continuamente aberto e em transformação, plural e tensionado, que inclui tudo aquilo que não se constitui sob o modelo da identidade proprietária, congregando um corpo misto em que a diferença se põe não a partir da negação – a pobreza vista como falta de recursos –, mas com base na potencialidade positiva de contínua inclusão de sujeitos, que podem assim se inserir nos mecanismos de produção e reprodução do social independentemente de seu *status* e da relação com qualquer tipo de propriedade.

Daí porque essas identidades são libertárias, já que assumem a transformação e a mescla enquanto ontologias da resistência opostas à fixidez e à naturalização dos *selfs* moldados e controlados pelo capitalismo (ser consumidor, ser mulher, ser de esquerda etc.), enxergando nas normas identitárias dominantes apenas algumas entre as inúmeras possibilidades de ser. O modelo fixo então se desvanece diante de potencialidades outras que a produção alternativa de identidades oferece no contexto das democracias radicais (HARDT; NEGRI, 2009, pp. 62-63). Trata-se, como ensina Gilles Deleuze (1992), de levar em conta não o que somos, mas o que somos no processo de devir, ou seja, no processo de se tornar outro.

Em outra linha interpretativa, mas que dialoga com o que acabo de sustentar, tem-se a identidade como construção coletiva de natureza relacional que, não obstante sua fluidez, se fundamenta na experiência da vulnerabilidade humana – nossa "pobreza" ontológica –, abrindo caminho para a crítica das identidades fixas e abstratas exigidas pelo direito de recorte liberal. De fato, o atual sistema político-jurídico pressupõe que só é possível ao sujeito ser incluído na sociedade caso assuma de maneira naturalizada a exclusão e a elitização que fundamentam as atuais "democracias" (ROSENMAN, 2007). Para tanto, todo ser acaba sendo transformado em dado intercambiável, assumindo a lógica puramente quantitativa da mercadoria, entendida enquanto modelo total de existência igualitarizada e despojada de características qualitativas que a possam singularizar e transformar. Contra essa lógica quantificadora – já denunciada em seus dias tanto por Marx quanto por Pachukanis –, autoras como Judith Butler centram seus estudos na construção social da identidade.

Para Butler, tal se dá quando consideramos as carências e as debilidades humanas. Elegendo como campo de testes de sua hipótese o cenário de medo e angústia instalado nos EUA após 11 de setembro de 2001, Butler pôde perceber que a identidade varia em função do ambiente, não se determinando pelas formas jurídicas que a tentam isolar. Estas, embora participem do processo social de construção identitária, são insuficientes para garantir a inserção do que há de mais próprio do ser humano – sua vulnerabilidade, sua finitude, seu desespero diante da morte e da dor – em cenários que não sejam simples campos de batalha por direitos abstratos (BUTLER, 2004, p. 19 *et seq.*).[19] Daí porque Butler questione implicitamente a proposta de Agamben acerca da impoliticidade da vida nua. Segundo a autora, estar exposto ao perigo e ser carente de proteção são formas de visibilização política do corpo que, mesmo vulnerável, é rebelde por estar nas ruas, podendo vir a ser revolucionário na medida em que se conjugue com a multiplicidade de outros corpos autoconstituintes integrados pela reunião, pela assembleia popular ou pelos movimentos sociais que densificam o ato ilocucionário original dos que afirmam ser – por estarem igualmente abandonados e precarizados – o povo (BUTLER, 2013, p. 73).

Todavia, como veremos na próxima seção, o mitologema "Povo" não funciona em sociedades democráticas radicais.

---

[19] Cf. também ATHANASIOU; BUTLER (2013), obra em que as autoras propõem uma teoria da vulnerabilidade corpórea como substrato a partir do qual se pode pensar a ação política.

Nelas, longe de se negar a identidade – em nenhum momento somos "não-identidades" –, se assume seu caráter aberto, levando à sério o fato de que toda identidade corresponde a um construto social maleável que somente se determina graças à imposição de padrões políticos entendidos como os mais "corretos", "tradicionais", "justos" etc. De fato, não há relações políticas possíveis entre sujeitos sem predicados, vazios ou "gerais", mas apenas entre sujeitos com predicados que, contudo, sabem ir além deles, abrindo-se à experiência da indeterminação e da multiplicidade, do confronto e do encontro. Trata-se de pensar as subjetividades a partir de um irrepresentável que não permita a definição fixa dos sujeitos com base nos lugares ocupados em dada estrutura ou tendo em vista suas funções sociais (BALIBAR, 2003).

Povos ingovernáveis

O verbete do dicionário de política tradicional "Povo", sempre com essa mística maiúscula inicial, não se refere a qualquer experiência empírica ou naturalística, tratando-se antes do resultado artificial de um longo processo de construção identitária centrado nas ideias de homogeneidade, fixidez e unificação. Mais do que um território uno e um poder soberano, o Povo unificado, entendido enquanto face dinâmica do poder, constitui o pressuposto central para a manutenção de sociedades políticas em que vigoram a separação e a hierarquia. Somente por meio desse mitologema se pode encriptar as pessoas reais e singulares que conformam a base empírica sobre a qual se exerce o poder. Tais pessoas são pressupostas em sistemas abstratos de legitimidade "popular" para que se possa governar tranquilamente sem elas, conformando um conhecido paradoxo segundo o qual o sujeito axiomático da democracia – o "Povo" – é eliminado e transformando em algo meramente nominal e formal (RESTREPO, 2012, pp. 12-13).

Essa estruturação só se tornou possível na medida em que, ao longo da Modernidade, as instâncias políticas de decisão e de discussão foram radicalmente separadas. Dessa cisão surgiu um sujeito fantasmático que, apontando para a redução do poder constituinte a mero poder constituído, conformou uma ordem transcendental de identidades soberanas fundada no reverso das singularidades democráticas, dando lugar a um tipo de "povo oculto". Cabe então ao pensamento e à prática democrático-radical fundir as esferas que separam governantes e governados, implodindo assim o governo e a exceção que o sustenta (RESTREPO, 2012, p. 14).

No entanto, é preciso reconhecer, como faz Alain Badiou (2013), que o verbete "Povo", por mais falsificado que tenha sido ao longo da história de formação dos Estados nacionais – especialmente quando se lhe anexa um adjetivo que remete a um Estado colonial, como por exemplo: "Povo francês" ou "Povo inglês" –, ainda possui um peso político emancipatório. Assim, o autor elenca quatro sentidos básicos para a palavra "P/povo". Os dois primeiros são negativos e indicam 1) uma identidade fechada de tipo racial ou nacional necessária à construção identitária dos Estados; ou 2) uma massa inerte, protegida por esse mesmo Estado e sempre incentivada a consumir. Uma vez capitalizada pelo processo de representação política, tal massa se identifica com a classe média de determinado país. Ao contrário, os sentidos positivos da palavra "povo" não se constroem tendo em vista categorias fixas como raça ou consumo, refletindo antes movimentos de oposição ao Estado. São 3) os povos envolvidos em lutas de libertação nacional – por exemplo: o argelino ontem e o palestino hoje –, antagônicos em relação à maquinaria despótica que os oprime. Esses povos aspiram por um Estado vindouro e por isso – e somente *enquanto isso* – existem sob a forma do futuro anterior de um Estado inexistente. De maneira mais radical, 4) "povo" pode ser entendido enquanto um núcleo que congrega aqueles que o Estado exclui de seu Povo oficial, a exemplo dos imigrantes, dos trabalhadores precários, dos sem-terra, dos favelados etc., os quais, segundo Badiou, encarnam um povo futuro comunista não estatalizado. Trata-se de um conceito similar ao de Sadri Khiari (2013, p. 124), que cunha a noção de "terceiro povo", ou seja, um povo que se opõe ao Povo oficial constituído por relações de poder político, econômico, racial e cultural, evocando com isso a ideia de um "terceiro estado" contemporâneo oposto à "nobreza" e ao "clero" Populares.

É fundamental perceber o gesto provocador de Badiou quando ele apresenta os dois sentidos positivos de "povo", dado que, na contramão da tradição, ele os constrói mediante a negação – ainda que relativa – do Estado. Diferentemente, o verbete dicionarizado "Povo" foi utilizado ao longo da tradição do liberalismo burguês como indicativo de uma classe oligárquica que, estando entre a nobreza feudal do Medievo e as massas politizadas da Modernidade, encontrou na representação política, no constitucionalismo e no Estado de Direito os instrumentos para manter seus privilégios. Conforme ensina Ellen Meiksins Wood (2005, p. 205), o Povo da Modernidade nada tem a ver com o *dêmos* pobre e camponês que convulsionou a política na Grécia, sendo antes um grupo privilegiado que erige nações politicamente exclusivistas.

No primeiro sentido positivo da palavra "povo" evocado por Badiou, nega-se um Estado colonialista existente em nome de um Estado nacional inexistente no qual as divisões identitárias ainda não estão postas. Nessa hipótese, a ideia de "povo" configura um conceito operativo e tático que não objetiva a dominação do outro, mas a emancipação em relação a um outro particularmente brutal. Não há dúvida, todavia, de que esse uso da noção de povo tem seus limites e contradições, os quais se esfumam apenas no segundo sentido positivo da palavra. Este é radical, pois traz como consequência a negação da instituição mesma do Estado, apontando para sua supressão. Em ambos os casos, parece-nos que o povo de Badiou se configura não por um consenso identitário homogeneizante – como propõe Schmitt –, mas graças a uma contínua negativa do governo, operação essencial à democracia.

Jacques Rancière (2005, pp. 66-67) afirma em sua obra *O ódio à democracia* que a democracia – sem adjetivos – é uma forma de não governo, ou seja, ela não impõe medidas coercitivas e hierárquicas baseadas na força, na tradição ou no dinheiro, e sim cria condições para o autocontrole – que é também autoconstituição – dos sujeitos do poder. A única possibilidade de realização de tal projeto passa pela negação da diferença entre governantes e governados, atingindo um grau de constante constituição e reconstituição do poder constituinte originariamente comunitário. Para tanto, é necessário compreender que o sujeito político não preexiste em relação à política, constituindo-se exatamente por meio dos dissensos e conflitos que a conformam. A relação política entre sujeitos políticos é o momento inicial da política, o que exige o "ser-em-comum" que somente formações *an-ár-quicas* podem trazer à tona.

Aqui retomo criticamente uma das teses de Carl Schmitt, para quem a democracia compõe um regime de identificações entre identidades, e não propriamente uma forma de governo.[20] Todavia, temos que ter cuidado, pois para Schmitt a identidade democrática corresponde à identidade dos iguais, a qual só se conjuga binariamente diante das desigualdades definidoras do outro e, no limite, do inimigo. Ao contrário, o que proponho nada tem a ver com uma democracia orgânica, identitária e homogênea. Considero a identidade democrática a partir de um horizonte de sentidos em contínua construção e expansão, que põe e depõe os sujeitos de modo constante, partindo da constatação da impermanência, da conflitividade e da precariedade de todas as coisas humanas, em especial das identidades, que nunca são identificáveis entre si de modo substancial e por isso não podem conformar um sistema geral de reconhecimentos. Diferentemente de Schmitt, o foco no conflito – que é a lei do mundo, dizia Heráclito – não deve levar a pressupor um sistema identitário-securitário capaz de nos proteger do outro desigual, configurando antes uma estrutura aberta de

---

[20] Eis um trecho importante de Carl Schmitt sobre esse ponto: "[...] a partir de um ponto de vista lógico, todos os argumentos democráticos repousam em uma série de identidades. Pertencem a essa série: identidade entre governantes e governados, soberanos e súditos, identidade entre o sujeito e o objeto da autoridade estatal, identidade entre o povo e sua representação no Parlamento, identidade entre o Estado e o povo votante, identidade entre o Estado e a lei e, finalmente, identidade entre o quantitativo (maioria ou unanimidade aritmética) e o qualitativo (a justiça da lei). Mas todas essas identidades não são uma efetividade tangível; ao contrário, elas se fundam em um reconhecimento da identidade" (SCHMITT, 1991a, p. 35).

autoconstituição sempre tensionada, fundada na dimensão precária, perigosa e destrutiva – mas também construtiva, lúdica e amorosa – que afeta a nós e aos outros.

Nessa perspectiva, parece proveitoso comparar a visão de Rancière com a leitura de Butler, para quem a locução "nós, o povo", que traduz de modo imediato a noção de soberania popular, não é um simples performativo ilocucionário que, conforme ensina John Austin (1975, *lecture IX*), constitui seu objeto no mesmo momento em que o declara, dado que o Povo não existiria antes de sua proclamação política enquanto unidade. Ainda que a leitura performativa de Austin esteja parcialmente correta, é preciso acrescentar, assegura Butler, as dimensões do processo e da tradição ao ato de fala criador, já que um povo se recria constantemente no tempo. Mais do que uma ilocução, ou seja, um ato de fala que produz efeitos concretos ao ser dito, a expressão "nós, o povo" constitui uma citação e por isso mesmo nega qualquer tipo de representação (BUTLER, 2013, pp. 58-60). Na base de todo processo representativo-constitutivo há um elemento tautológico não representativo pelo qual o povo se reenvia a si mesmo enquanto formação potente e produtiva, autodesignando-se e autoconstituindo-se para além da representação, citando-se para além de qualquer forma fixa de soberania unitária.

Concordo com Ernesto Laclau e Chantal Mouffe (2001, pp. 151-152) quando afirmam que a instabilidade é a "essência" dos espaços políticos, os quais se rearticulam de modo constante tendo em vista as identidades antagonistas em luta, de maneira a inviabilizar a visão tradicional – assumida pelo jacobinismo nos estertores da Modernidade e pelo marxismo nos inícios da Pós-Modernidade – segundo a qual o campo social se dividiria em duas metades antagônicas. Nessa perspectiva, tal divisão seria o dado originário, imutável e prévio que daria sentido à política. Ao contrário, entendemos que a conformação do sujeito político democrático-radical é sempre resultado de múltiplos antagonismos que, ocorrendo em cenários chamados por Laclau e Mouffe de "imaginário democrático", levam ao tensionamento das diferenças e das hierarquias antes tidas como naturais, questionando assim a ideia de um ponto original ou de uma ruptura fundacional de que surgiria o político.

Por se relacionar ao comum, a constituição dos sujeitos políticos democrático-radicais problematiza os lugares fixos do público e do privado, instaurando um trânsito entre ambos que, no limite, os implode. Dessa feita, sujeitos originalmente condenados à idiotia da vida privada – a mulher e o trabalhador manual, por exemplo – podem se constituir enquanto seres liberados que, exatamente por invadirem o espaço público, o transformam em arena democrática onde reina a impureza da política, quer dizer, a perpétua rejeição da tentativa dos governantes de definirem sozinhos *o que é* e *qual é a extensão* da esfera pública, restringindo seu alcance com base no princípio da unidade ou apelando a um título de legitimidade qualquer (RANCIÈRE, 2005, p. 68).

O sujeito político que se constitui a partir dos postulados da democracia radical é paradoxal – mas não inexistente como o Povo uno e soberano do liberalismo político –, dado que só pode ser concebido como um constante ponto de encontro e de fuga traduzido nos dois processos que a tradição política ocidental separou: governar (*árkhein*) e ser governado (*árkhestai*). Dessa configuração não surge uma anarquia, ou seja, uma ausência de normatividade, mas uma *an-arquia*, quer dizer, uma *arkhé* despotencializada pelo processo mesmo de sua contínua ativação entre os polos ativos e passivos do poder.

O sujeito político democrático é o único sujeito político possível, ao contrário do Povo, figura impossível. Todo Povo se constitui por meio de diferenças interiores e exteriores, sendo sempre *povos*, no plural. Nesse sentido, Georges Didi-Huberman (2013, p. 80) afirma que o Povo puro e único não existe, já que quaisquer grupos humanos, mesmo aqueles mais isolados, pressupõem um mínimo de impureza e de complexidade, assumindo a diferença que há, por exemplo, entre vivos e mortos, homens e mulheres, espírito e corpo, deuses e humanos etc. De fato, o sujeito político democrático somente se constrói por meio de entrecruzamentos entre o governar e o ser governado. Quando a primeira dessas dimensões passa a ser monopolizada por entidades exteriores à relação política – o Estado, os representantes políticos, o mercado etc. –, surge o domínio para aqueles que se incumbem da *árkhein* e a servidão para quem resta somente a *árkhestai*. Para evitar tal configuração, é preciso entender a democracia enquanto anulação das condições de mando, de modo que ela se realiza como auto-organização – autoinstituição, diria Castoriadis – daqueles que não têm qualidades especiais – força física, carisma religioso, poder econômico, tradição familiar etc. – para governar. Assim, o sujeito político democrático é o único possível porque a democracia radical equivale ao substrato do qual surge a política. Em sentido estrito, a democracia radical corresponde à única forma de organização social verdadeiramente política e agonística, sendo as demais meramente jurídicas e institucionais. Segundo C. Douglas Lummis (2002, p. 40):

"A democracia é o radical, a raiz quadrada de todo o poder, o número original a partir do qual se multiplicam todos os regimes, o termo raiz de que se ramifica todo o vocabulário jurídico". Precisamente por isso, a democracia radical não necessita, como as tradicionais formas de governo, ser legitimada e fundamentada. Ela é a legitimidade em si mesma.

Daí porque também o sujeito político por excelência seja o que, não possuindo legitimações especiais para se apossar da *árkhein*, dela se incumbe no plano do que Rancière (2005, pp. 56-57) chama de "o ingovernável", em clara referência irônica às lamúrias de Huntington & Cia., para quem o problema das democracias ocidentais seria o fato de que estariam se tornando ingovernáveis devido ao excesso de liberdade que proporcionariam, argumento desenvolvido em um repelente texto adorado pelos conservadores estadunidenses (CROZIER; HUNTINGTON; WATANUKI, 1975). Contudo, o problema – e, obviamente, a solução – parece ser bem diverso daquele pensado por Huntington: nas clássicas formas de governo (aristocracia, monarquia etc.) os antagonismos sociais já foram resolvidos de uma vez para sempre com base em critérios econômicos, de prestígio, de nascimento e outros, tratando-se apenas de formalizar o funcionamento da máquina governamental por meio do poder constituído (RESTREPO, 2012, p. 35). Por seu turno, na democracia radical os antagonismos jamais se resolvem, uma vez que não há critérios naturais ou técnicos para tanto, o que demanda a contínua discussão e a aceitação do dissenso constitutivo do qual surgem os sujeitos políticos. Estes, por não serem destinados ao governo, por isso mesmo devem assumir o poder social ao mesmo tempo em que se submetem uns aos outros.

Os gregos já demostraram de maneira concreta que o conflito – o *agón* – está no próprio coração da política democrática. Com efeito, a assembleia democrática correspondia originalmente à assembleia de guerreiros, na qual a igualdade de uso da palavra derivava da igualdade diante da morte (COMITÉ INVISIBLE, 2015, p. 148). De maneira similar, uma democracia radical que se funda em identidades mutantes compreende que a oposição e o conflito são fundantes e fundamentais. Apenas uma sociedade completamente amorfa, composta por identidades fixas e definitivas, pode aspirar ao fim das diferenças e, com isso, ao fim da política e à maximização total do governo, entendido como técnica de normalização social que separa os que mandam e os que obedecem (COMITÉ INVISIBLE, 2015, p. 151). Por sua vez, diferentemente do capitalismo, que se baseia na ilimitação da riqueza sempre crescente – ainda que jamais distribuída –, a democracia radical aposta na ilimitação da política e de seus antagonismos (RANCIÈRE, 2005, p. 77). Eis porque ela jamais será perdoada.

UTOPIA E DISTOPIA

No princípio

Thomas More inventou um dos termos mais ricos, debatidos e controversos dos últimos 500 anos: *utopia*. A meio caminho entre a literatura e a filosofia, na zona de interseção entre um não-lugar que nega nossas misérias e um bom lugar que as torna talvez mais insuportáveis, a utopia de More constitui um patrimônio cultural tão rico que não cabe mais no espaço comprimido do tradicional dicionário de política que a quer domesticar. Por isso o propósito deste capítulo não é debater especificamente o livro de More, mas passear de modo livre pelo passado, presente e futuro da utopia (e de sua gêmea má, a distopia), demonstrando assim a potência que se gera quando nos deparamos com – ou criamos – a palavra certa.

Segundo Antônio Houaiss, o termo "utopia" foi utilizado pela primeira vez na língua portuguesa em certa obra publicada no ano de 1671 em Lisboa que levava o curioso título de *Escola das verdades aberta aos Princepes na lingua italiana, por o Pe. Luiz Juglares da Companhia de Jesus, e patente a todos na Portugueza por D. Antonio Alvares da Cunha.*[21] No *Dicionário da Academia* de 1798, o termo assume nítido

---

[21] Pesquisa de datação realizada no *Dicionário eletrônico Houaiss da língua portuguesa.*

conteúdo político-jurídico, pois define um "plano de governo imaginário". De fato, "utopia" é uma palavra corrente na filosofia do poder – seja política ou jurídica – que pretende evocar uma espécie de sociedade ideal. Formada por *ou-* (οὐ, prefixo grego de negação) e pelo radical *-tópos* (τόπος, literalmente: lugar), designa, portanto, o não lugar, quer dizer, a sociedade excelente que, em razão dessa mesma excelência, não existe no mundo real. Há quem diga também que o prefixo de utopia deriva de *eu-* (εὐ), o qual evoca no grego sempre algo bom, de maneira que utopia seria o bom lugar. Mas parece ser mistificação, o que, contudo, só acrescenta força a esse belo mistério.

Foi Thomas More, humanista inglês do final do século XV e início do XVI, que em sua obra homônima cunhou o termo, apresentando o projeto político da ilha de Utopia, na qual seus habitantes gozavam de um sistema jurídico igualitário, liberal e justo. Além de More, foram também famosos utopistas da Idade Moderna o filósofo italiano Tommaso Campanella, autor de *A cidade do Sol*, de 1623, e o filósofo inglês Francis Bacon, autor da utopia tecnocientífica *A nova Atlântida*, publicada postumamente em 1627.

Na contemporaneidade,[22] destaca-se a posição crítica dos marxistas ortodoxos diante do conceito. Para eles, as utopias são irrealizáveis por não se vincularem às condições estruturais concretas da sociedade, razão pela qual sequer devem ser consideradas. Diferentemente, os marxistas heterodoxos Karl Mannheim e Ernst Bloch acreditam no potencial transformador das utopias, capazes de alimentar o

---

[22] Para uma discussão calcada na matriz fenomenológico-existencial acerca das implicações da utopia na realidade contemporânea, cf. a excelente obra coletiva organizada por MARDER; VIEIRA (2012).

desejo de mudanças sociais e assim oferecer vias alternativas para as organizações político-jurídicas reais. Para Mannheim (1968), a utopia somente é vista como inalcançável por determinada estrutura social. Na realidade, trata-se de uma ideologia revolucionária que objetiva transcender a situação histórica e, por meio da ação efetiva de grupos sociais, atingir um patamar de organização social que as instituições político-jurídicas existentes não contemplam.

Aldo Maffey (2000, pp. 1285-1286) entende que as utopias são projeções de desejos não totalmente satisfeitos em determinadas situações históricas, como os jardins e os oásis que povoam as mil e uma noites dos árabes exilados no deserto. Contudo, tais projeções apenas assumirão o *status* de utopias políticas se apresentarem um ideal a ser realizado por uma organização comunitária capaz de oferecer soluções para os problemas socioeconômicos. O utopista político sempre se refere ao melhor mundo realizável, e não ao melhor mundo fantasiosamente pensável, como os literatos. De certa maneira, as várias utopias políticas constituem uma aposta irrestrita no poder da razão humana, que aliada à ideia de progresso, típica do iluminismo, seria capaz de garantir às sociedades humanas formas mais justas de organização social.

The dark side

O prefixo grego *dys* (δυσ) significa "doente", "mal" e "anormal". Conforme sugestão de François Ost (2005, p. 373-382), evidenciada em sua análise das fontes do imaginário jurídico contidas nas obras de Kafka, as distopias seriam utopias às avessas, ou seja, más utopias, sociedades imaginárias nas quais as condições de existência são muito piores do que aquelas que vigoram nas sociedades reais. Parece que o termo "distopia" foi utilizado pela primeira vez em 1868 por Greg Webber e John Stuart Mill em um discurso no Parlamento Britânico.[23]

O papel do direito nas distopias é sempre marcante, apresentando-se como ordenamento eminentemente técnico cuja única função consiste em garantir a perpetuação da dominação social totalitária. A principal vítima sacrificada no altar dos ainda (?) fictícios Estados distópicos é a liberdade. Para compreender melhor o que vem a ser uma distopia, nada melhor do que as palavras de O'Brien, membro do IngSoc (Socialismo Inglês, em novilíngua), partido único que governa a Oceania, Estado imaginado por George Orwell em seu romance *1984*:

> Começas a distinguir que tipo de mundo estamos criando? É exatamente o contrário das estúpidas utopias hedonísticas que os antigos reformadores imaginavam. Um mundo de medo, traição e tormentos, um mundo de pisar ou ser pisado, um mundo que se tornará cada vez mais impiedoso, à medida que se refina. O progresso em nosso mundo será o progresso no sentido de maior dor. As velhas civilizações proclamavam-se fundadas no amor ou na justiça. A nossa funda-se no ódio. Em nosso mundo não haverá outras emoções além de medo, fúria, triunfo e autodegradação. Destruiremos tudo mais, tudo. Já estamos liquidando os hábitos de pensamento que sobreviveram de antes da Revolução. Cortamos os laços entre filho e pai, entre homem e homem, mulher e homem.

---

[23] "Talvez seja muito elogioso chamá-los de utópicos, eles deveriam ser chamados de distópicos ou cacotópicos. O que é comumente chamado de utópico é algo bom demais para ser praticável; mas o que eles parecem favorecer é muito ruim para ser praticável" (*Oxford English Dictionary*. Disponível em: <http://www.oed.com>).

Ninguém mais ousa confiar na esposa nem nos amigos. As crianças serão tomadas das mães ao nascer, como se tiram os ovos da galinha. O instinto sexual será extirpado. A procriação será uma formalidade anual como a renovação de um talão de racionamento. Aboliremos o orgasmo. Nossos neurologistas estão trabalhando nisso. Não haverá lealdade, exceto lealdade ao Partido. Não haverá amor, exceto amor ao Grande Irmão. Não haverá riso, exceto o riso de vitória sobre o inimigo derrotado. Não haverá nem arte, nem literatura, nem ciência. Quando formos onipotentes, não teremos mais necessidade de ciência. Não haverá mais distinção entre a beleza e a feiura. Não haverá curiosidade, nem fruição do processo da vida. Todos os prazeres concorrentes serão destruídos. Mas sempre... não te esqueças, Winston... sempre haverá a embriaguez do poder, constantemente crescendo e constantemente se tornando mais sutil. Sempre, a todo momento, haverá o gozo da vitória, a sensação de pisar um inimigo inerme. Se queres uma imagem do futuro, pensa numa bota pisando um rosto humano, para sempre (ORWELL, 2005, p. 255).

A distância entre a utopia e a distopia é pequena e pode ser apenas uma questão de opinião e de juízos de valor. G. Kaleb acentua que "o utopista inicia no amor e termina no terror" (*apud* MAFFEY, 2000, p. 1288). Uma vez postas em ação, as utopias não podem ser controladas, e muitas vezes pretendem libertar ou tornar felizes os seres humanos independentemente de suas próprias vontades. A missão de toda utopia consiste em regenerar as pessoas, ainda que precise enfrentá-las e impor-lhes esse alto destino. Eis o caminho que imperceptivelmente leva da utopia ao seu gêmeo fantasmático, ao seu *doppelgänger*: a distopia.

Assim, na tão louvada *República* de Platão (2001, pp. 449-474), por exemplo, não há lugar para a liberdade individual. Sabe-se que Platão entende ser a democracia uma forma corrompida de governo, motivo suficiente para reservar a direção da sua cidade ideal unicamente aos sábios, que exerceriam o poder de forma autoritária. Ademais, o Estado platônico se assemelha a um esboço do Estado totalitário que a contemporaneidade conheceu, pois controla todos os aspectos da vida social, desde a educação das crianças – que seriam separadas dos pais na mais tenra infância – até a alocação dos indivíduos nos seus respectivos ofícios e profissões, o que se daria por meio de critérios objetivos estabelecidos pela *pólis* e não em razão da decisão pessoal dos próprios interessados. Eis um detalhe interessante que retrata bem a cidade "ideal" de Platão: apesar de reconhecer o encantamento que a poesia exerce sobre os cidadãos, os poetas deveriam ser expulsos da *pólis*. Segundo Platão, a condenação da poesia se impõe racionalmente pelo fato de não ser útil ao Estado nem à vida humana. Para um poeta, a cidade platônica certamente seria uma distopia, nunca uma utopia.

A cidade ideal de Zenão de Cício, o fundador da austera escola estoica grega, seria ainda mais escandalosa do que a distopia platônica.[24] Para ele, somente os sábios ostentariam o *status* de cidadãos; os demais deveriam ser reduzidos à condição de escravos e tratados como inimigos. Informado

---

[24] Infelizmente, o texto de *A república* de Zenão está irremediavelmente perdido. Apenas alguns fragmentos da obra sobreviveram aos séculos. As informações que alinhavei foram compiladas por Diógenes Laércio no século III de nossa era e constam de seu famoso tratado *Vida e opinião dos filósofos ilustres*. Cf. DIOGÈNE LAËRCE (2002, VII, 32-33).. Para uma leitura contemporânea do que chegou até nós de *A república* de Zenão, cf. SCHOFIELD (1999).

pelas concepções éticas do cinismo – corrente filosófica helenística que criticava acidamente os padrões comumente aceitos de sociabilidade e de moralidade –, Zenão proíbe a construção de templos, ginásios e estádios. Na cidade zenoniana não existiria comércio ou propriedade privada, sendo que homens e mulheres deveriam se vestir da mesma maneira, deixando o corpo à mostra sempre que possível. Aliás, as mulheres seriam compartilhadas por todos. Ao sábio tudo estaria permitido, até mesmo a prostituição, o estupro, o incesto e o canibalismo. Por mais escabrosas que possam parecer essas ideias, Zenão e seu segundo sucessor na liderança da *Stoá*, Crisipo de Solos, as justificavam racionalmente. Contudo, mais do que um projeto político-jurídico realista, a república zenoniana era uma provocação à decadente *pólis* grega, que se pavoneava de maneira vaidosa e falsa de uma glória que já não mais possuía desde a submissão a Alexandre e, posteriormente, a Roma.

Apesar desses dois exemplos, as distopias não foram um gênero literário comum na Antiguidade e, obviamente, nem Platão nem Zenão apresentaram os seus sistemas de governo como realidades negativas. Ao contrário: tanto no mundo antigo quanto no medieval ou moderno multiplicaram-se as utopias sociais, algumas descambando para os sonhos mais fantasiosos e ousados. Um prenúncio do que seriam as distopias pós-modernas pode ser encontrado na obra de Donatien-Alphonse-François, o Marquês de Sade, que no curioso panfleto político *Franceses, mais um esforço se quereis ser republicanos*, já citado na nota nº 17, propõe um Estado erotizado no qual todos deveriam se submeter aos caprichos sexuais de todos, inaugurando uma verdadeira era de liberdade em que não existiria limite para a satisfação sensual do cidadão, ainda que o prazer de alguns pudesse custar a vida de outros. Sade entende que o Estado deve criar e manter instituições apropriadas para a satisfação de todos os tipos de luxúria, inclusive o incesto que, segundo o escritor francês, torna mais apertados os laços familiares e mais ativo o amor dos cidadãos pela pátria. Estariam ausentes da república de Sade todas e quaisquer formas de religião e teísmo. Não obstante seu caráter polêmico, o projeto político de Sade se mostra ingênuo diante dos pesadelos totalitários engendrados no século XX, especialmente rico em distopias. Ainda que delirante, a república de Sade objetivava proteger o indivíduo diante da ação despótica do poder estatal. Não obstante a pecha de depravado e louco, Sade era um legítimo filho do século XVIII, e mais ainda da Revolução Francesa, que objetivou extinguir o absolutismo monárquico em nome das liberdades públicas do cidadão. Caso se siga o fio de sua argumentação, percebe-se que a revolução nos costumes por ele proposta tem um sentido bastante claro: impedir que as pulsões sexuais não satisfeitas sejam sublimadas em formas autoritárias de exercício do poder político. Para Sade, o libertino insatisfeito de hoje é o déspota de amanhã, que desconta na sociedade sua frustração sexual sob a forma de um governo tirânico. Assim, precisamos evitar nos transformarmos em pequenos ditadores. O único meio para tanto seria a institucionalização dos prazeres e de todos os vícios que os acompanham. Nem é preciso dizer como esse texto de Sade agradou aos psicanalistas.

A distopia de Sade ainda se relaciona a uma longa tradição libertária europeia na qual o poder do Estado sobre os cidadãos é constantemente questionado. Essa foi a tônica do século XVIII. No entanto, o século XX celebrizou-se por produzir distopias em que o indivíduo se encontra submetido de modo total à autoridade do Leviatã. E o mais assustador: a história recente do Ocidente está a demonstrar e a comprovar a possibilidade técnica de realização dessas distopias político-jurídicas autoritárias, cada vez menos fictícias. Não poderia ser diferente: os enormes avanços tecnológicos somados à desagregação ética que assola o nosso tempo produziram visões de futuro em que a política passou a ser mero instrumento de dominação e de desumanização. Parece impossível acreditar em sociedades justas e livres após os horrores dos totalitarismos, testemunhas da capacidade de infinita crueldade, em escala global, de que os seres humanos são capazes. É o que deflui de algumas das principais distopias literárias do século passado. Listo algumas das mais importantes entre elas.

Brave new world foi escrito em 1932 por Aldous Huxley e traduzido desde então para as principais línguas do planeta. A edição brasileira se intitula *Admirável mundo novo*, e tem tradução de Vidal de Oliveira e Lino Vallandro. Trata-se, certamente, da mais influente distopia moderna, encontrando rival digna apenas em *1984*. O enredo do livro se passa na cidade de Londres em 2540 (ano 632 de Ford), quando o que restou da civilização é governado de maneira totalitária por uma elite de cientistas. O livro discute questões éticas relativas ao avanço da engenharia genética e da biotecnologia, refletindo ainda sobre a possibilidade de controle da população por meio de drogas fornecidas pelo governo. Em 1958 Huxley lançou *Brave new world revisited*, texto não fictício no qual analisa a situação mundial então existente para concluir que estamos cada vez mais próximos do futuro distópico por ele previsto: superpopuloso, submergido no consumo de drogas e no qual a obediência das massas se funda em várias formas de controle subliminar (HUXLEY, 2000, p. 141).

Nineteen eighty-four, o mais ambicioso dos romances de George Orwell, foi escrito em 1948 e publicado em 1949, já tendo sido adaptado três vezes para a televisão e duas vezes para o cinema: em 1956, com direção de Michael Anderson, e em 1984, dirigido por Michael Radford. Planeja-se uma nova versão cinematográfica com direção de Tim Robbins. A popularidade e a influência do livro foram enormes na cultura pop do século XX. Seus descendentes mais conhecidos foram: o filme *Brazil* (o seu título original deveria ser *1984 ½*), de 1985, dirigido por Terry Gilliam, película que mostra o Brasil controlado por uma burocracia similar a que serve ao Grande Irmão; a novela *1985*, de Anthony Burgess, que mais mais do que uma sequência de 1984, constitui uma homenagem a Orwell; e a *graphic novel* intitulada *V de vingança*, de Allan Moore, que retrata uma Inglaterra fascista da qual foram extirpados os homossexuais, os árabes e os negros.

Fahrenheit 451 é um romance de ficção científica publicado em 1953 por um dos maiores mestres do gênero: Ray Bradbury. A tradução brasileira é de Cid Knipel. A obra retrata uma futura América hedonista e antissocial dominada pela televisão e onde os livros são proibidos, assim como todo e qualquer pensamento crítico. O personagem principal, Guy Montag, é um bombeiro que se rebela contra o sistema e passa a guardar e a ler os livros que deveria queimar. O curioso título da novela refere-se à temperatura em que o papel utilizado para a impressão de livros entra em combustão. O final da trama constituiu um dos pontos altos da história, tendo sido retratado com sensível lirismo pelo diretor francês François Truffaut na sua versão cinematográfica de 1966.

A clockwork orange foi publicado em 1962 e filmado por Stanley Kubrick em 1971. A obra é ambientada na Inglaterra de 2017 e narra em primeira pessoa as aventuras e desventuras de Alex, um jovem sociopata de quinze anos que, após ser preso, é submetido a um programa de reabilitação governamental chamado *Ludovico technique*. Tal programa – na verdade, uma terapia de aversão do tipo pavloviana – consiste na exposição prolongada de criminosos a imagens de extrema violência, ao mesmo tempo em que ingerem drogas que causam fortes náuseas. Ao final do tratamento, Alex se torna incapaz de vislumbrar quaisquer atos de violência ou de sexo, além de desenvolver uma forte intolerância física à sua antes adorada música clássica, dado que um dos filmes apresentados durante o processo de "reeducação" incluía como trilha sonora a *Ode à alegria* da nona sinfonia de Beethoven. Entre as edições em língua portuguesa, a melhor é a *Laranja mecânica* traduzida por Fábio Fernandes para a editora Aleph.

A scanner darkly foi escrito em 1977 e retrata a futurística Califórnia de 1994. Na visão apocalíptica de seu autor, Philip K. Dick, os EUA perderam a guerra contra as drogas e padecem de uma epidemia causada pelo uso intensivo da substância D, que lentamente dissolve a personalidade e a inteligência dos seus usuários. Os principais temas abordados referem-se à problemática da personalidade individual e ao controle governamental da vida privada, assunto já clássico nas distopias do século XX. A obra foi adaptada em 2006 para o cinema pelo badalado diretor *cult* Richard Linklater, que produziu uma espécie de desenho animado extremamente refinado utilizando a técnica da rotoscopia, na qual os *frames* do filme servem de base para a animação.

Aliás, muitos dos romances de Philip K. Dick se transformaram em filmes de sucesso, tal como *Androides sonham com ovelhas elétricas?*, de 1968, que passou em 1982 para as telas sob direção de Ridley Scott com o título de *Blade runner. A scanner darkly*, livro e filme, foram lançados no Brasil com um título de duvidosa adequação, *O homem duplo*, o livro com tradução de Ryta Vinagre.

Ficções?

Bertrand Russell (*apud* MAFFEY, 2000, p. 1289) entende que a mentalidade contemporânea já não consegue conceber como factíveis as sociedades sonhadas por um More, um Campanella ou até mesmo um Marx; falta-lhes imaginação – e talvez inocência – para tanto. Prova disso é que os produtos típicos dos delírios político-jurídicos pós-modernos – as distopias – nada mais são do que exacerbações dos traços negativos efetivamente existentes nas sociedades concretas atuais, como fica claro na brevíssima lista da seção anterior. Talvez mais grave do que perder a capacidade de sonhar é perder também toda a capacidade criativa, mesmo nos pesadelos. Somos obrigados a encarar as nossas próprias sociedades corruptas e desumanizadas em um espelho – deformador, é verdade – que, ao fim e ao cabo, apenas nos mostra a que ponto chegaremos. A diferença entre o mundo em que vivemos e os pesadelos tecnototalitários dos romances de George Orwell, Aldous Huxley, Anthony Burgess e tantos outros é apenas de grau, não de natureza.

Já temos entre nós um Grande Irmão que nos vigia, que vela por nós. Dia a dia, ao ligarmos a televisão (precursora das onipresentes teletelas?), ao lermos os jornais, ao nos conectarmos à *internet*, percebemos a ação de um invisível

Ministério da Verdade que acaba por nos convencer de que "Guerra é Paz, Liberdade é Escravidão e Ignorância é Força".

Da mesma maneira que os personagens imbecilizados de Huxley, já consumimos diariamente nossa ração de soma, droga que teria por função proporcionar aos habitantes do admirável mundo novo doses diárias de alegria barata, entorpecendo-os e submergindo-os em uma colorida realidade de desejos fúteis e sensações gratuitas de prazer, assim os tornando dóceis e submissos ao domínio governamental e empresarial.

E falando em drogas, a política patética, mentirosa e ineficiente dos governos mundiais que, para deleite da tacanha opinião pública, afetam uma rígida, santa e inquestionável cruzada contra as drogas, lembra a realidade apocalíptica de *O homem duplo*, de Philip K. Dick, novela de ficção(?)-científica na qual o governo ao mesmo tempo em que combate o tráfico e o uso de drogas, as produz e distribui por meio de uma empresa, efetiva dona do Estado. Este, por seu turno, vicia inclusive seus próprios agentes de segurança pública em um sistema perverso no qual prevalece um clima de denuncismo, desconfiança e medo.

Os métodos de reeducação social concebidos por Burgess em seu romance transformaram o delinquente Alex, antes interessado apenas em estupro, ultraviolência e Beethoven, em um pacato e responsável cidadão incapaz de qualquer ato de violência, tanto que sente náuseas e desmaia ao tentar se defender da ação de alguns marginais, antigos conhecidos seus dos tempos de *débauche*. Ora, não é essa a tônica da maioria dos sistemas penais do planeta, que pretendem forçar as pessoas a serem "boas" – ressocializá-las, dizem os penalistas – para logo depois despejá-las neste mundo, que continua a ser "mau"?

Orwell anteviu a lógica da submissão e do controle na novilíngua, uma espécie de idioma universal gestado em laboratório e que deveria, pouco a pouco, substituir a anticlíngua (o inglês) no imaginário Estado da Oceania, onde é ambientada a sua distopia. A novilíngua seria de uma pobreza e de uma simplicidade extremas, mostrando-se inapta para a expressão de qualquer pensamento mais profundo. Com a progressiva imposição desse novo idioma, as pessoas perderiam a capacidade de pensar e de se revoltar contra o sistema porque já não teriam um veículo linguístico capaz de expressar pensamentos complexos; a comunicação reduzir-se-ia ao mínimo necessário para a sobrevivência. O ideal da novilíngua seria oferecer ao indivíduo um número cada vez menor de palavras com sentidos cada vez mais restritos, de modo que seria impossível expressar significados que divergissem da vontade do partido governante. Por exemplo: as palavras "livre" e "igual" poderiam existir, mas jamais evocariam a liberdade de pensamento ou a igualdade de direitos, pois tais situações subjetivas teriam deixado de existir há muitas gerações na Oceania. Orwell assevera que seria impossível traduzir para a novilíngua o trecho inicial da Declaração de Independência dos Estados Unidos da América, no qual se afirma que existem alguns direitos inalienáveis tais como a vida, a liberdade e a busca da felicidade, e que a função do governo seria garanti-los, sob pena de ser derrubado e substituído por outro pelo povo, único detentor do poder político. A tradução mais aproximada seria a substituição de todo o trecho por uma única palavra da novilíngua: "crimepensar" (ORWELL, 2005, pp. 299-300). Ora, a novilíngua já está parcialmente presente nos nossos noticiários sempre comprometidos com o poder, nos discursos vazios dos representantes políticos, nos pronunciamentos de figuras que nutrem verdadeiro ódio contra o intelecto, tais como Trump e Bolsonaro, e na extrema pobreza de *memes* e tuítes que paulatinamente substituem a leitura e o diálogo.[25]

Quanto à cultura, foram sobrepujados os sonhos sombrios de Huxley e de Bradbury, romancistas que imaginaram um futuro em que os livros seriam proibidos e impiedosamente destruídos pelo Estado por conterem ideias subversivas que ameaçam a estabilidade e a paz social. Hoje não são mais necessários os bombeiros de Bradbury, cuja missão irônica e paradoxal não era apagar incêndios, mas queimar livros. Não há necessidade de se temer um Selvagem como o de Huxley, cujo delito era ler Shakespeare em uma sociedade que tinha se esquecido das dores e das alegrias humanas concentradas nos versos do bardo inglês. Os dispositivos (des)subjetivantes a que se submete a população são muito mais sutis e eficientes;[26] ela é levada a acreditar que a cultura, em termos amplos, não lhe trará quaisquer vantagens: ter é muito mais importante do que ser e saber. Ter é poder, e as ambições ou necessidades econômicas acabam soterrando quaisquer considerações éticas ou estéticas. Não é preciso queimar livros em uma sociedade que os despreza.

Nessa perspectiva, parece-me revelador o fato de que nas mais célebres distopias do século XX o gosto pela cultura, pela arte e pela ciência venha associado a personalidades tidas como degeneradas, sempre prontas para contestar a ordem social vigente e vistas, portanto, como indivíduos a serem reeducados, o que inclui primordialmente a extinção

---

[25] Sobre esse último tema, cf. GOMES; MATOS (2019).

[26] Para uma discussão contemporânea sobre dispositivos e processos de (des)subjetivação, cf. COLLADO; MATOS (2021).

dos seus pendores culturais. Alex, o anti-herói de Burgess, é um sociopata extremamente violento que respeita uma única coisa: a música de Beethoven, o "divino Ludwig". O personagem principal de *1984*, Winston Smith, sente-se deslocado diante das situações culturalmente pobres e homogeneizantes a que é obrigado a se integrar, e somente se descobre enquanto ser livre – e por isso mesmo rebelde diante do Grande Irmão – ao tomar contato com um livro proibido que avidamente buscava, *Teoria e prática do coletivismo oligárquico*, uma espécie de ensaio político-sociológico escrito por Emmanuel Goldstein, o pretenso líder da resistência. Já o Selvagem de *Admirável mundo novo* espanta e aterroriza as pessoas com demonstrações de alegria, afeto, raiva e tristeza, emoções que aprendeu com a leitura das obras de Shakespeare e eram então desconhecidas e temíveis na asséptica realidade de Huxley.

Um estuprador que idolatra Beethoven? Um rebelde cujo grande crime é ler e escrever? Um selvagem que cita Shakespeare? A mensagem contida nesses modelos é muito clara: "a cultura e o saber são perigosos; afaste-se deles o mais rápido possível. Se você quer ser aceito pelos outros, imbecilize-se. Se você não quer ser um peixe fora d'água, renda-se aos (des)gostos da maioria. Ela é quem dita o belo, o bom, o correto e o seguro. O resto – Beethovens, ensaios político-sociológicos, Shakespeares etc. – não passa de inutilidade perigosa que interessa apenas a loucos problemáticos que, mais cedo ou mais tarde, se renderão aos padrões morais e sociais das pessoas de bem".

O destino que os sistemas político-jurídicos distópicos reservam à inteligência não surpreende, pois a cultura de verdade, contestatória por natureza, sempre gerou medo, desconforto e repulsa nas maiorias inebriadas pelas pequenas vantagens do sistema, sejam elas esmolas estatais para os miseráveis, sejam bens de consumo artificialmente impostos às classes medias ou altas e apresentados como necessários a uma vida "decente": o celular da moda, a roupa de grife da estação, o *iPad* mais potente, a boate mais descolada, o restaurante mais chique, dependendo do gosto ou da idade. Aliás, não é necessário ir até às distopias para compreender a relação entre política, imbecilização e cultura. Basta lembrar do Ministro da Propaganda de Hitler, Joseph Goebbels, que dizia sacar o revólver todas as vezes que ouvia a palavra "cultura".

E o que dizer do desesperançado Ulrich, personagem do polifônico *O homem sem qualidades*, romance de Robert Musil? No capítulo 13 da primeira parte dessa enorme enciclopédia do vazio, Ulrich, típico acadêmico austríaco do início do século passado, meio niilista, meio epicurista, meio a mistura dessas duas coisas com nada, espanta-se ao ler um jornal e nele notar que certo cavalo de corrida havia sido classificado como genial. Ulrich já vira lutadores de boxe e jogadores de futebol serem agraciados com esse adjetivo antes reservado aos da Vincis, Mozarts e Dostoiévskis, mas o fato de agora poder definir também um cavalo de corrida lhe parece um sinal dos tempos.[27] Esse capítulo do livro de Musil foi ambientado

---

[27] O trecho é delicioso e merece transcrição: "Certo dia, Ulrich deixou de querer ser uma esperança. Naquela época já se começava a falar de gênios do futebol ou do boxe, mas para no mínimo dez inventores, tenores ou escritores geniais, os jornais não citavam mais do que, no máximo, um centro-médio genial, ou um grande tático de tênis. A nova mentalidade ainda não estava muito segura de si. Mas foi exatamente aí que Ulrich leu em alguma parte, como antecipação de verão, a expressão 'cavalo de corrida genial'. Era uma notícia sobre um grande sucesso nas pistas de corrida, e o autor talvez nem tivesse consciência de toda a dimensão da sua idéia, que o espírito dos tem-

em 1913, escrito na década de 1920 e publicado em 1930 na Áustria. O que pensaria Ulrich hoje, no Brasil?

Tempo-de-agora

Utópico é o gesto que pretende transcender aquilo que sempre foi. E se a distopia se funda enquanto ordem que garante a separação entre oprimidos e opressores, sujeitos e objetos da força tida por necessária para a convivência social, tentar pensar outros âmbitos em que a utopia possa atuar *hoje* se revela uma tarefa que flerta com o impensável e se arrisca a cair nas armadilhas de um discurso que não se sustenta.

A comunidade e a política que vêm de Agamben e ninguém sabe como vêm; a violência pura de Benjamin que aniquila toda violência mediadora e, por isso mesmo, não é perene nem pode gerar nada, apenas um grande e fértil vazio que não se explica; o comunismo de Marx, projeto condenado à eterna dimensão de projeto: todos são formas da utopia. Talvez a principal característica dessas propostas seja sua comum intempestividade. Os projetos filosóficos de Agamben, Benjamin e Marx – todos eles incompreendidos e até mesmo ridicularizados pela filosofia oficial de suas respectivas épocas – são travos diferentes de um mesmo e potente vinho. Esses autores se arriscam a pensar no limite do dado e do herdado, granjeando o desprezo fácil e o sorriso irônico daqueles que sabem muito bem que as coisas não mudam e, que se aceitarem – ou forem coagidos a – mudá-las, exigirão planos, estratégias e, evidentemente, lideranças reais e ideais.

Mas o pensamento crítico só pode viver na dimensão da utopia que, mais do que um não lugar, constitui o lugar por

---

pos lhe inspirara" (MUSIL, 2006, p. 63).

excelência: aquele que não pode se mover de si mesmo sem se perder. Por isso ele se traduz em uma exigência absoluta: que nos dirijamos a ele. Aqui a montanha não vai a Maomé, como no perverso joguinho capitalista em que tudo parece pronto e dado de bandeja, inclusive as resistências que se lhe opõem e que, não por acaso, têm se mostrado há cerca de 150 anos como as mais fiéis colaboradoras do sistema, forçando o capital a se transformar e a aperfeiçoar seus mecanismos de domínio. Eis o sentido da crise do capitalismo, uma crise que nada muda no campo da produção e, mediante novas formas biopolíticas, redistribui apenas fracassos por meio de discursos que pregam o sacrifício das populações mundiais diante da especulação. Por seu turno, a utopia quer a mudança, negando-se a contemplar atônita este mundo que sempre se resolve em uma cínica negação de possibilidades outras.

Talvez uma maneira interessante de pensar a utopia no presente seja vê-la como um dispositivo que explora as relações entre o possível e o impossível, sendo irredutível a qualquer um desses âmbitos (CLAEYS, 2011, p. 14). Nessa mesma perspectiva, Agnes Heller (1991) afirma que a utopia não pode ser relacionada a um lugar para o qual a humanidade se dirige, um sonho a ser alcançado ou uma estação sempre longínqua em que o trem da história aportará em um belo dia. Heller aduz que já chegamos à estação utopia, que é a (pós) Modernidade. Importa agora como nos apossarmos dessa estação que, mais do que um não lugar ou um bom lugar – quer dizer, um inalcançável *outro* lugar, um indiscernível lugar *diferente* –, é um lugar absoluto que congrega em potência todos os demais, e que por isso se abre à experiência histórica do descontínuo, da transformação e da alternatividade.

"Eu é um outro". Se levarmos a sério este verso de Rimbaud e compreendermos que o aqui e o agora da chamada "realidade objetiva" envolvem várias possibilidades de retomada de passados sepultados para construirmos futuros diferentes, o projeto utópico radical perde seu suposto caráter irrealizável e se torna obra viva e histórica. Somente assim se torna possível entender que todos os lugares são passíveis de mostração no horizonte de uma história que ainda está por se fazer e que se revela mais forte do que o capitalismo por envolver necessariamente mais interesses, mais possibilidades e mais formas-de-vida. Eis porque o capital odeia a utopia e tenta apresentá-la como sinônimo de delírio impossível: com sua simples existência no campo da potencialidade, a utopia revela o caráter ilusório e convencional da ordem capitalista autoapresentada enquanto algo objetivo e irrevogável (ABENSOUR, 2000, p. 20).

Antiutopias

George Sorel gasta boa parte das páginas de suas *Reflexões sobre a violência*, de 1906, polemizando contra os socialistas utópicos que, ao invés de lutar pela revolução, prefeririam fazer "política" parlamentar. Envolvido com os debates e a terminologia de seu tempo, Sorel constrói uma imagem da utopia em tudo diversa daquilo que aqui se chama por esse nome. Segundo afirma, a utopia seria um plano imaginário baseado nas condições econômicas atuais, razão pela qual poderia ser decomponível em partes e realizável aos poucos, mediante constantes acordos com o poder existente. Esse tipo de "utopia" reformista criticado por Sorel representa um mecanismo desmontável, deliberadamente construído para que somente algumas de suas partes possam ser integradas em uma legislação futura. Sua função não é modificar o sistema atual, mas garantir ciclos de crises e reformas. Só assim o capitalismo aceita discutir "racionalmente" e "implementar" utopias. Não por acaso, o melhor exemplo de "utopia" apresentado por Sorel é a economia liberal, a qual concebe abstratamente a sociedade enquanto espaço redutível a tipos comerciais puros que se auto-organizam graças às supostas "leis naturais" da concorrência (SOREL, 1992, pp. 49-50).

A essa verdadeira antiutopia, Sorel opõe o mito revolucionário da greve geral, que age de maneira imediata e não se sujeita a qualquer acordo ou realização parcial, sendo executável em um agora absoluto, em sua dimensão total e jamais compartimentalizável. São essas características – imediatez, intransigência e totalidade – que determinam o caráter efetivamente utópico, pouco importando que Sorel prefira usar a palavra "mito", reservando o termo "utopia" para um uso polêmico contra os socialistas parlamentares "debatedores", que ele via como traidores da causa marxista. Tais personagens, ironiza Sorel, dizem acreditar que em um futuro bem distante o Estado deve desaparecer; contudo, enquanto isso ele deve ser utilizado "provisoriamente" para engordar os políticos (SOREL, 1992, p. 139).

Um dos traços fundamentais da utopia reside na sua radical incompatibilidade com o presente naturalizado do capitalismo, que se pretende imodificável e a-histórico. Dessa maneira, não é necessário que as verdadeiras utopias se justifiquem mediante planos gerais, o que as encerraria nos limites do sistema que pretende destruir e, pior ainda, nos domínios do calculável, terreno completamente monopolizado e controlado pelo capitalismo. De acordo com a avaliação de Sorel (1992, p. 144) sobre o mito, a qual parece ser aplicável às utopias, "importa muito pouco, portanto, saber o que os mitos contêm em termos de detalhes destinados a aparecer realmente no plano da história futura. Eles não são almanaques astrológicos. Pode inclusive acontecer que nada do que eles contenham se produza [...]".

Ao ser potência, a utopia põe-se a salvo do avanço do capital e de seus mecanismos "reais" de dissuasão, apontando atrevidamente para um futuro-presente que, se bem vistas as coisas, pode sempre vir-a-ser. Por não se sujeitar aos imperativos da objetividade e da racionalização, a utopia é, literalmente, um *risco incalculável* para o sistema, um perigo latente, impossível de ser extirpado, já que faz parte da alma humana, mesmo da mais submissa, sonhar com algo diferente e melhor.

Marx disse em certa carta citada por Sorel (1992, p. 157) que "quem compõe um programa para o futuro é um reacionário". Nesse sentido, as utopias são o que há de menos reacionário, pois dificilmente podem ser abarcadas por mecanismos ou dispositivos de controle, dado que elas são imunes a programas. Surge então um paradoxo: para controlar as utopias, o "sistema da realidade" tem que as declarar perigosamente possíveis, tratando-as como algo real ou que pode vir a ser real, o que já seria um modo de admitir que a via atual não é a única, existindo muitas outras possibilidades.

Em certa medida, a utopia deve permanecer enquanto utopia, quer dizer, como *potência-de-não*. Só assim o poder não conseguirá atacá-la, reconfigurá-la e transformá-la em dispositivo ideológico, a exemplo do que ocorreu na antiga União Soviética, onde se assistiu não à vitória da utopia comunista, e sim ao seu enterro. Enquanto *potência negativa*, a utopia não se identifica com projetos impossíveis, fabulações ou delírios, mas com o remédio para a ilusão chamada de "realidade". Trata-se de pensar a negação com a mesma dignidade ontológica reservada à afirmação. Isso significa que a utopia existe enquanto dimensão crítica do atual estado de coisas, apontando para outras configurações que, contudo, não têm que existir a ferro e fogo. Todas as alternativas indicadas pela utopia estão suspensas na esfera da potência. Portanto, apenas uma humanidade que diz *não* – ou seja, uma humanidade emancipada dos feitiços do progresso, da objetividade e da inescapabilidade do capital – pode (ou não) realizar utopias.

Poder não realizar já é, em si, uma utopia, opondo-se à realidade mesquinha e falsamente objetiva do capitalismo na qual *poder fazer* (enquanto possibilidade) não se dá sequer enquanto potência negativa. No "fim da história" característico do sistema econômico capitalista, nada *pode ser* ou *não pode ser*: tudo já *é*, agora e eternamente, no imobilismo aterrador de uma temporalidade infinita, a-histórica, compacta e homogênea. Eis o verdadeiro sentido das antiutopias – que não se confundem com as distopias – anunciadoras do fim da história, comuns aos antigos ideólogos stalinistas e aos neoliberais de hoje, a exemplo de Francis Fukuyama. Ambos os grupos negam a história porque, como demonstrou Benjamin em suas *Teses*, ela é essencialmente um espaço-tempo de indecisão, descontinuidade e perigo, abrindo a cada segundo uma porta estreita pela qual pode passar o Messias, ou seja, a revolução descomprometida com qualquer força mantenedora do sistema. Contudo, essa porta só pode se abrir no presente, aqui e agora. Daí o desafio de conceber uma comunidade que viva nesse tempo-de-agora (*Jetztzeit*) de que fala Benjamin, o qual se opõe tanto ao longo presente encapsulado em si mesmo (sem relação com a experiência) quanto ao mito de uma classe de vanguarda que, no futuro, assumirá as rédeas do processo histórico. Nessa última hipótese o tempo se fecha sobre si mesmo e produz apenas um autorretrato vazio, revelando-se como mera sucessão e repetição de formas tradicionais, a exemplo da forma-Estado em que o bolchevismo rapidamente se converteu. Para abrir o tempo-de-agora há que se abandonar toda concepção projetiva e vanguardista. No lugar de classes ou partidos de vanguarda, que se fale em singularidades democráticas presentes aqui e agora nas ruas. Ao invés de projetos e programas, que venham as utopias. E essas são, ao contrário do que se diz, radicalmente históricas.

Localizar a utopia na dimensão histórica do presente e pensá-la sob o ponto de vista da negatividade e da potencialidade não significa privá-la da possibilidade de realizar grandes projetos de transformação social. É o que deveria saber T. J. Clark, antigo membro da seção inglesa da Internacional Situacionista sabiamente expulso do grupo. Em um texto feroz, Clark identifica erroneamente esquerda e utopia. Admitindo uma suposta natureza trágica da política – que em nenhum momento ele define com clareza –, Clark entende que hoje o papel das esquerdas se resume a organizar a crítica ao sistema global capitalista, sem qualquer esperança de vencê-lo, devendo trabalhar apenas para a construção de modificações e reformas bem precisas (CLARK, 2013, p. 52). Daí nasce o projeto de uma "esquerda sem futuro" ou, nos termos de Clark, de uma esquerda que abra mão de seu caráter messiânico-utópico e deixe de se limitar a fazer previsões irrealistas e arrogantes sobre o fim do capitalismo (CLARK, 2013, p. 18).

Em todo seu ensaio, T. J. Clark afeta um ar de superioridade que ele chama de "adulto" em contraposição ao caráter "infantil" das esquerdas que denuncia, as quais estariam "esperando a hora do recreio", pois teriam uma relação pueril com o futuro marcada pelo capitalismo de consumo e garantida pela espetacularização de todas as necessidades e propósitos humanos (CLARK, 2012, pp. 33-34). E seria por isso que essas tais esquerdas abririam mão de agir no presente imediato. De posse de um mal disfarçado realismo, do mais nu e cru, Clark tenta justificar sua proposta mediante a substituição da argumentação pela exemplificação e da crítica pela ironia. Seu projeto assumidamente reformista parte da constatação de que a "saída da Modernidade" não será apocalíptica e grandiosa, e sim um processo arrastado, chocante, banal e medíocre, com o que se justificaria o papel igualmente minimalista que ele reserva às esquerdas e suas utopias (CLARK, 2013, p. 12).

Todavia, um pensamento atual que se pretenda crítico não pode trabalhar com categorias perfeitamente sem sentido, tais como "esquerda" e "direita", signos de uma bipartição ideológica que já não é funcional nem esclarecedora, seja na teoria ou na prática. A insistência em ressuscitar esses cadáveres, ainda que para queimá-los em efígie como faz Clark, pode levar somente a uma enorme confusão, cujos traços mais característicos residem na redução da utopia à esquerda e no empobrecimento da dimensão do tempo, apresentado como pura compartimentação historiográfica e não realidade ontológica total e resistente a toda separação. Aferrado a um racionalismo realista pretensioso, Clark se mostra incapaz de reconhecer o tempo-de-agora, bem como o caráter indeterminado da política que, trágica ou não, sempre se mostra na irredutibilidade de uma *aposta*.

Porém, para além do caráter estetizante de seu ensaio, Clark acerta ao localizar a radicalidade no presente. Mas isso não significa que devamos, como ele faz, nos comprometermos com a *versão de presente* que o capitalismo nos impõe, a-histórica e invencível, à qual só poderíamos opor pequenos projetos reformistas que, por isso, seriam as ações verdadeiramente "revolucionárias" do nosso tempo. Ao contrário, a radicalidade do presente constitui um índice de abertura da história, o que permite a transformação messiânica, utópica e radical no agora.

Anticampos

Se quiser ter futuro, a sociedade futura não pode ser futura, mas presente aqui e agora, renegando em bloco o sistema do capital, inclusive suas supostas "contradições dialéticas" e formas liberais, verdadeiros desaceleradores do tempo-de-agora que atrasam a vinda do Messias. Trata-se de criar vivências utópicas dos lugares do futuro em lugares reais, situados em espaço-tempos atuais. Quando isso se realiza, está-se diante de um *anticampo*, ou seja, uma porção de futuro incrustada no presente, uma localização que se rege pela deslocalização potencial exigida pelos vários locais da utopia. São anticampos os espaços ocupados em *Wall Street* pelos manifestantes do movimento *occupy*, as comunidades *hippies* dos anos 1960 e 1970, a Praça Tahir no Cairo enquanto durou a indeterminação do futuro político egípcio, as forças anarco-republicanas da guerra civil espanhola que se recusavam a ter líderes, as fazendas improdutivas tomadas por trabalhadores sem terra no Brasil, os imóveis abandonados e logo *okupados* por grupos anarquistas em Barcelona e Atenas, o Espaço Comum Luiz Estrela em Belo Horizonte, a ocupação da Izidora, também em Belo Horizonte, entre muitos outros exemplos.

Em uma definição sucinta: anticampos surgem onde e quando o futuro divergente da utopia se presentifica não como projeto ou plano imaginário, mas enquanto realidade da potência. Por isso, a exigência de transformações gerais e estruturais do mundo que comumente se faz a esses espaços--movimentos não tem sentido. Com efeito, diz-se que os movimentos que se organizam sob a forma de anticampos têm gerado até hoje poucas mudanças concretas na sociedade capitalista. Isso não nos deve surpreender se levarmos em conta suas dimensões acêntricas, sem líderes e descomprometidas com planos fixos. Ademais, trata-se de formações sociais absolutamente descrentes em relação às instituições políticas tradicionais, motivo pelo qual interagem pouco com elas. Por fim, há que se notar que a exigência de produtividade social – ou seja, a ideia de que um movimento social deve necessariamente gerar resultados palpáveis e imediatos na sociedade – faz parte da lógica produtivista do capital (CASTELLS, 2013, p. 151), que não admite qualquer inoperatividade. Nessa perspectiva, a inoperosidade dos anticampos utópicos pode ser entendida como tática anticapitalista de ação revolucionária que, se não transforma a atualidade como um todo, prepara potencialmente um "tempo-de-agora" ao subjetivar os indivíduos, transformando-os em entidades desejantes de profundas transformações sociais. Segundo entendo, uma das principais estratégias utópicas consiste na multiplicação de anticampos, tornando a reação do sistema capitalista cada vez mais custosa e difícil de ser justificada pelos seus mecanismos ideológicos, podendo-se assim levá-lo à implosão.

VIVER UMA VIDA *AN-ÁRQUICA* (SEM FUNDAMENTO) E DESOBEDIENTE (SEM HIERARQUIA, SEM DIVISÃO NEM COMANDO) SIGNIFICA COMPREENDER QUE NÃO HÁ NENHUMA VOCAÇÃO A REALIZAR, NENHUM DESTINO HISTÓRICO A CONCRETIZAR, NENHUMA ÉTICA NATURAL A EFETIVAR, NENHUM DEVER A CUMPRIR.

ESTADO DE EXCEÇÃO E DESOBEDIÊNCIA CIVIL

Democracias S.A.

Atualmente o verbete "estado de exceção" constante do tradicional dicionário de política é nebuloso porque a autoridade que decide sobre a exceção já não é o Estado supostamente representativo do povo soberano, e sim o poder econômico privado, com o que se põe uma nova situação epocal. Segundo vários autores, haveria hoje uma espécie de estado de exceção econômico nas democracias ocidentais, o que poderia ser comprovado pelos seguintes fatos tornados cotidianos: conflitos bélicos de baixa intensidade (mas contínuos), a guerra contra o terrorismo, o desmonte das estruturas do *Welfare State*, o aprofundamento de violências étnicas, tribais, religiosas e nacionais, a formação de uma nova plutocracia nacional e internacional, o ressurgimento do fascismo travestido sob o manto de instituições liberais (tal como no governo de Bolsonaro no Brasil e no de Trump nos EUA) e a dominação das instâncias políticas de decisão pelos mercados especulativos. Na realidade, por se fundar em razões de emergência e crise econômica estrutural, essa situação deve ser descrita como um estado de exceção econômico permanente, já que a normalidade das ordens jurídicas – tanto as nacionais como a internacional – encontra-se indefinidamente suspensa pelo poder econômico (cf. SCHEUERMAN, 2000 e MESSINA, 2013). De fato, as principais decisões políticas – inclusive aquelas que dizem respeito às guerras e às violências globais – passam hoje pela necessária mediação do capital.

O termo *estado de exceção econômico* foi cunhado nos anos 20 e 30 do século passado para indicar as drásticas mudanças impostas na economia e na produção/distribuição de bens pelos esforços de guerra, denotando a especificidade da situação excepcional em contraste com aquilo tido por "normal". Todavia, nos dias atuais a expressão se refere a algo completamente diverso. Não se trata mais das transformações temporárias que a guerra, enquanto acontecimento político internacional, impõe às economias nacionais, e sim das mudanças que o poder econômico global capitalista exige do Estado e da sociedade, ainda que ausente um contexto de guerra declarada.

A exceção econômica se caracteriza pela inexistência de uma autoridade soberana, visto que essa centralização é repudiada pelo mercado, o qual exige fluxo e rapidez incompatíveis com o antigo paradigma burocrático da soberania. Qualquer autoridade soberana independente não passaria de um entrave ao livre jogo do mercado, que funciona apenas na medida em que se autorreproduz com intensidade sempre crescente. Ademais, a exceção econômica se caracterizaria por uma competição irrestrita – com o que vem à luz seu caráter propriamente bélico – que tem como consequência a economização total da vida, de modo que toda conduta humana possa ser quantificada, tendo a economia, por fim, se transformado em uma vivência total.

Há uma extensa literatura que discute a crise do Estado-Nação e o surgimento de poderes econômicos globais que parecem exercer um comando imperial sobre o planeta, de natureza acêntrica, fluida e sob a forma de rede, conformando a emergência de um novo tipo de autoridade privada que, sem se confundir com o poder soberano, se traduz sob as formas móveis da *governance*. Esta, sob o pretexto de atingir níveis de maior eficiência, competitividade e produtividade no cenário econômico capitalista, muitas vezes desconsidera, limita e reverte as conquistas das lutas sociais traduzidas em termos de direitos e garantias fundamentais, as quais são compreendidas pelo capital como meros obstáculos ao desenvolvimento econômico que precisam ser afastados. Essa espécie de gestão privada de interesses públicos ou comuns erode e fragiliza as estruturas clássicas de controle e de proteção dos direitos, típicas dos agora fantasmáticos Estados de Direito, dando origem ao que Sheldon S. Wollin chamou ironicamente de "democracias S.A.", ou seja, governos formalmente democráticos que, na prática, se submetem às determinações privadas oriundas da esfera econômica. Daí deriva um "totalitarismo invertido" graças ao qual as grandes corporações transnacionais subvertem os princípios formalmente democráticos, transformando seres vivos e recursos naturais em *commodities* a serem exploradas. Ao mesmo tempo, as "democracias S.A." – cujos maiores (mas não únicos) exemplos seriam os EUA e a União Europeia – se omitem frente ao esvaziamento das liberdades públicas e dos direitos sociais duramente obtidos ao longo das lutas dos últimos 250 anos. Por seu turno, ao invés de participar das decisões político-econômicas que afetam suas vidas, as cidadãs e os cidadãos das "democracias S.A." se submergem em um consumismo desenfreado e na espetacularização da vida social, o que os impede de opor qualquer alternativa verdadeiramente política ao monopólio da decisão por parte das instâncias econômicas globalizadas.

Mesmo autores que, a exemplo de Danilo Zolo, resistem a reconhecer o fim do projeto do Estado de Direito, precisam admitir que tal projeto se encontra em grave crise, visto que as estruturas tradicionais de garantias de direitos e de controle do poder político – representação, tripartição do poder, soberania, processos eleitorais etc. – foram capturadas pelo poder econômico. Segundo Zolo (2006, pp. 72-73), tal se deveria em grande parte ao caráter mais lento e rígido do subsistema jurídico diante da flexibilidade e da rapidez evolutiva de subsistemas como o científico-tecnológico e o econômico, que possuem intensa capacidade de autoprogramação e autocorreção, gerando assim uma crise da função reguladora do direito.

A tese de Zolo me parece tímida, dado que se centra na crise da capacidade regulatória do direito sem se perguntar quais são os elementos de fundo que a determinam. Segundo entendo, estamos vivendo uma verdadeira mudança paradigmática que afeta não só a função de regulação do direito, mas as próprias bases democráticas em que, ao menos retoricamente, ele diz se sustentar. Essa mudança se relaciona à passagem de um momento em que a democracia vigorava enquanto projeto social compartilhado para uma era assumidamente *pós-democrática*. Com essa expressão se indica a manutenção formal dos procedimentos e normas da democracia ao mesmo tempo em que a política e o governo voltam a ser monopolizados por grupos privilegiados, tal como ocorria na época pré-democrática (CROUCH, 2004). O Brasil atual é um excelente exemplo disso, pois nele vemos as antigas elites econômicas se aliarem a um projeto fascista e ultraliberal para garantir seus interesses, comparecendo o direito apenas como elemento secundário, mas ainda assim constantemente questionado, minorado e mesmo ridicularizado por fanfarrões brutais como Bolsonaro. Por outro lado, é surpreendente notar que até mesmo um autor como Habermas (2011), tão pouco crítico diante do modelo ideal do Estado de Direito e suas fragilidades em termos de democracia real, tenha usado o termo "pós-democracia". Habermas lançou mão dessa expressão para indicar uma das possíveis configurações da política europeia, em artigo que tem como pano de fundo as medidas antidemocráticas tomadas por Nicolas Sarkozy e Angela Merkel durante o encontro dos G-20 em 2011, as quais objetivavam impedir a execução de um *referendum* proposto na Grécia pelo então Primeiro Ministro, Yorgos Papandréu.

Segundo Rancière (1998), a pós-democracia envolve o paradoxo da eliminação consensual da democracia por meio de práticas tidas por democráticas, mas que, ao contrário, apenas concretizam a aliança entre mercado e Estado, tornando idênticas a política e a gestão do capital. Nesse ponto, há que se ter em vista a reflexão de Maurizio Lazzarato (2015, p. 35), para quem seria errôneo analisar a crise econômico-financeira que "justifica" a pós-democracia excepcional em termos de um "antes" e um "depois", como se, uma vez superada a crise, os Estados pudessem voltar à sua condição liberal, abandonando as medidas autoritárias, privatistas e centralizadoras que hoje os caracterizam. Na verdade, continua Lazzarato, a crise não impôs qualquer mudança na natureza do liberalismo, servindo apenas para revelar uma verdade histórica, qual seja: o capitalismo nunca foi liberal, tendo sempre se apresentado enquanto capitalismo de Estado.

Ao se perguntar como pôde ser possível um trânsito tão radical – da democracia à pós-democracia característica do estado de exceção econômico – sem qualquer resistência significativa, Yannis Stavrakakis (2015, p. 11) afirma que o crédito e a dívida foram os instrumentos capazes de, ao substituir o *Welfare State*, constituir uma população de consumidores integrados à tessitura social unicamente pela via econômica do consumo, de modo que a gradual perda e limitação de direitos sociais e políticos foi obscurecida pela constante oferta de crédito a populações que hoje se veem escravizadas pelo capital. Nesse contexto, julgo adequado retomar a teoria clássica do estado de exceção para compreender por que o direito fracassou na sua tentativa – por certo, muito limitada – de controle da exceção econômica permanente. A autoimplicação exceção/normalidade constitui uma das chaves características da ideia de estado de exceção pensada por autores como Carl Schmitt. Mas e se um dos polos dessa dialética da (in)determinação falta? E se há apenas horizontes e práticas indeterminantes, como parece ser o caso do mundo atual, traumatizado pela emergência da pandemia de COVID-19 e muitas outras? Eis o problema da exceção permanente, experiência com que se perde toda possibilidade de enxergar a exceção enquanto forma determinada pela normalidade e, por outro lado, a normalidade como forma a se indeterminar pela exceção, conforme ensina a doutrina jurídica clássica.

A exceção permanente pressupõe uma indeterminação da indeterminação profundamente não-relacional, na qual nem o campo político e muito menos o jurídico podem agir, instaurando-se um tempo verdadeiramente anômico, ou melhor, um não-tempo em que se está diante da duração pura e simples do real. Nessa dimensão, a violência constitutiva da exceção (e do direito) já não é mediada por qualquer sentido social. Quando a exceção concreta da ditadura econômica não mais se relaciona a um fim a ser alcançado, a um direito a ser criado ou recriado, quando ela perde sua condição de meio e se torna um fim em si mesmo, a distância que limita exceção e violência deixa de existir.

No final de *Legalidade e legitimidade*, Schmitt reconhece que o único elemento capaz de diferenciar a "lei normal" da "medida excepcional" reside na duração. A lei é feita para durar, ao contrário da exceção, situação de emergência que objetiva realizar um fim específico; tendo-o concretizado, ela se retira do cenário político-jurídico. Contudo, quando a exceção se torna permanente, é exatamente esse aspecto que acaba vulnerado. Pretendendo durar não apenas indefinidamente, mas *por todo o tempo*, a exceção assume o aspecto específico da lei, dando origem a um híbrido monstruoso que só pode ser nomeado por meio do oximoro *exceção permanente*: trata-se de uma *lei de exceção* e não mais da *exceção da lei*.

Na exceção permanente assiste-se à perda de todo sentido coletivo do social. Em tal situação, nada há para além de corpos decididamente individuais, perdendo o jurídico o seu caráter problemático diante do político. Com efeito, o direito passa a comparecer à realidade enquanto mera relação factual de força, visto não ser possível, sob a exceção permanente, a criação de narrativas sociais minimamente voltadas para horizontes normativos. Tudo se volatiliza na indeterminação ontológica da violência que, em tempos normais, o político e o jurídico, cada qual a seu modo, lutam não apenas para encobrir, mas para legitimar e, de certo modo, controlar.

Quanto ao econômico, compreendido como domínio da pura violência privada, vemos seu desabrochar.

Obviamente, não se trata aqui da violência pura (*reine Gewalt*) aludida por Walter Benjamin (1991b), e sim de uma *violência em estado puro*, primevo, indeterminado, tal e qual a tinta para o pintor, ou melhor, a cor. Nesse contexto, me parece curioso notar que a tarefa do soberano de Schmitt se assemelha à do tradutor de Benjamin. Com efeito, de maneira similar ao tradutor benjaminiano, que com seu trabalho de modelagem linguística se aproxima cada vez mais da pura língua, origem e destino de qualquer tradução, o soberano schmittiano lida com a pura violência para ressignificá-la e fundar uma ordenação que funcione como limite e abertura para essa mesma violência, sendo assim capaz tanto de pôr o direito mediante a "violência arbitrária" (*schaltende Gewalt*), quanto de mantê-lo sob a forma da "violência administrada" (*verwaltete Gewalt*), conforme o léxico de Benjamin. Nada obstante, diferentemente de Schmitt, que tende a inscrever de maneira obsessiva a violência no *nómos*, em seu famoso ensaio de 1921 sobre a crítica da violência Benjamin busca superar a dialética entre a violência que põe e a que mantém o direito. Tal se dá mediante uma aposta na violência pura, imediata, de caráter messiânico e revolucionário. Nessa dimensão, em uma inesperada conjunção com Benjamin, Jean Genet (1977) conclui só ser possível confrontar a brutalidade do Estado com uma violência ainda maior do que a dele, ou seja, com uma violência "que é vida" e "exigente até o heroísmo".

Na pura violência da exceção econômica opera mais um dos paradoxos intuídos por Schmitt: por querer impor à realidade político-jurídica estruturas de medição matemático-mecânicas – ou seja, calculadas de modo pretensamente objetivo –, a exceção econômica permanente inviabiliza toda e qualquer ordenação significativa, abrindo as portas para a completa indeterminação característica da violência originária. A medida do social e do jurídico, domínios intrinsecamente incomensuráveis – exatamente por isso eles são solos férteis para a fundação de projetos coletivos –, se dá somente no político, que apresenta caráter público e excepcional-estabilizador, jamais no reino quantitativo da economia neoliberal.

Exceção e normalidade são termos coimplicados e coordenados. Por sua vez, a exceção econômica permanente, sendo radicalmente privada, nega o político sob o pretexto de medi-lo, quer dizer, categorizá-lo em termos de perdas ou ganhos, prejuízos ou lucros, *déficits* ou *superávits*. Com tal operação, obtém-se exatamente o contrário do almejado: carente de medida política, a sociedade mergulha em sua originariedade violenta. Graças à supremacia do econômico, a política desaparece para que as coisas se governem por si mesmas. E se restar algum vestígio de direito, serão apenas institutos desfigurados de Direito Privado, tais como algumas noções de contrato e o dogma da propriedade privada.

A presença da exceção econômica permanente é brutal porque ela suspende o caráter (des)construtivo da exceção política, colocando-nos diante de uma estrutura *en abîme* que, incapaz de apontar para a normalidade, prepara *continuamente* a exceção da exceção e a suspensão da suspensão, inserindo-nos no puro movimento já não do poder – que, no fim das contas, precisa ser mediado –, mas da pura violência. Essa disposição barroca – verdadeiro *trompe-l'oeil* social – da exceção permanente torna difícil, quiçá impossível, sua assimilação pelos juristas. De fato, esses antiquados personagens sempre tentaram aplicar seus velhos dispositivos de controle ao campo específico da exceção política, tarefa que se mostrou vã. Da mesma maneira, fracassam hoje as análises e tentativas tradicionais de controle jurídico diante da permanência da exceção concreta instituída pelo econômico. "A máquina não tem tradição", adverte Schmitt (2011, p. 34). Isso significa que o domínio econômico privado desconhece qualquer noção problemática que, a exemplo de "interesse público", "povo", "democracia", "direitos fundamentais" e "exceção/normalidade", se afaste da perfectibilidade abstrata do sistema de trocas.

Para comprovar a impotência do pensamento jurídico diante da permanência da exceção, vale a pena recordar a "receita" que Carl Friedrich oferecia para impedir que a exceção se tornasse a regra, notando que um excesso de controle geraria a ineficácia das medidas excepcionais, enquanto, por outro lado, sua ausência produziria a exceção permanente. Para evitá-la, assevera Friedrich, seria preciso respeitar três regras: a) o soberano que decide sobre o estado de exceção deve ser nomeado por um terceiro; b) o início e o fim dos poderes excepcionais também devem ser definidos por um terceiro; c) a finalidade da exceção deve ser manter – nunca substituir – a ordem constitucional vigente. Friedrich (1958, pp. 399-400) conclui que os poderes excepcionais precisam ser amplos, mas as condições para sua utilização, restritas.

A simples leitura dessas "regras" revela a incapacidade do direito de regular a exceção econômica permanente, colocando diante de nós a já citada pergunta de Juvenal, retomada na contemporaneidade em *Watchmen*, épico anti--heroico de Alan Moore: "quem controla os controladores?". Ora, se há um terceiro que decide *quem* é o soberano (regra a), *qual* é o limite temporal de seus poderes (regra b) e a *que* finalidade eles servem (regra c), este terceiro é o verdadeiro soberano, seja ele um órgão executivo, jurisdicional, legislativo, religioso, revolucionário ou, como no caso atual, econômico. Se o terceiro constitui o verdadeiro soberano – raciocinaria o jurista, desde o berço habituado à recorrência mecânica de conceitos vazios e inefetivos –, a ele devem ser aplicadas novamente as três regras de Friedrich, o que constituiria – ou melhor, revelaria – um novo soberano, e assim indefinidamente, *ad infinitum.*

Inspirada pelo desespero de controle, a análise jurídica da exceção nos leva sempre mais fundo – mas jamais ao fundo – da chocante experiência consistente em observar o caráter último do direito: intranscendente, violento, sem sentido – como a própria vida – e, ainda assim, profundamente necessário para nós, seres humanos que estamos a um passo tanto da bestialidade quanto da divindade. Se vamos nos submergir em um desses polos, no alfa ou no ômega do alfabeto que é a própria existência, a um só tempo concreta e abstrata, factual e ideal, una e múltipla, apenas uma escolha política – não soberana, mas excepcional no sentido da oitava tese de Walter Benjamin – pode nos dizer. E isso porque o elemento político permanece vivo até mesmo na exceção econômica, como se estivesse em animação suspensa e pronto para ser reativado. É que, conforme nota Derrida (2020, p. 46), "[...] se o cálculo é o cálculo, a *decisão de calcular* não é da ordem do calculável, e não deve sê-lo".

Poder constituinte/desinstituinte

Segundo entendo, o outro polo da máquina antropológica da exceção se encontra na noção de desobediência civil pensada pela tradição, dado que se tratam, ambos, de mecanismos de correção do direito, como demonstrarei em seguida. Nada obstante, se compreendermos a desobediência civil de modo potente, inscrevendo-a em nosso dicionário de política radical, ela pode surgir como ponto de encontro entre o poder constituinte e o que chamo de poder desinstituinte, com o que, longe de secretamente sustentar a exceção, pode vir a desativá-la.

Antes de mais, devo frisar que a noção de poder desinstituinte que desenvolvo é diferente tanto da ideia de potência destituinte (*potenza destituente*) de Giorgio Agamben (2014) quanto da de poder destituinte (*destituting power*) de Rafaelle Laudani (2011). No que diz respeito a este último autor, vemos logo na introdução de seu livro *Desobediência no pensamento político ocidental: uma genealogia*, que o conceito de poder destituinte por ele utilizado não se relaciona com a tradição da desobediência civil, a qual ele classifica como um engano, pois se trataria apenas de uma tentativa liberal, a partir dos anos 70, de limitar e domar o poder destituinte. Ademais, Laudani admite que o seu poder destituinte não é hostil diante das instituições existentes na realidade político-jurídica atual, classificando-o não como anti-institucional, e sim extrainstitucional. Trata-se de duas importantes diferenças em relação à proposta que desenvolvo, pois minha ideia de poder desinstituinte se dirige especificamente à renovação (e à profanação) da tradição da desobediência civil, independentemente de suas raízes liberais, sendo, além disso, uma proposta claramente anti-institucional.

Por outro lado, esclareço que minha proposta de leitura do poder desinstituinte não se confunde com a noção de *potência destituinte* de Giorgio Agamben, ainda que ambas as concepções guardem certas semelhanças. E isso por uma razão muito simples, mas de fundamental importância: Agamben concebe a potência destituinte como pura inoperosidade. Ele não entende inoperosidade como inércia, e sim enquanto uma atividade que desativa os mecanismos do direito e da política marcados pela violência exceptiva que os institui, abrindo-lhes novas possibilidades de uso. Contudo, a destituição em Agamben é concebida como uma realidade que em nenhum momento se relaciona à instituição, ou seja, com o paradigma da produção. Inoperosidade significa não operar, quer dizer, deixar de constituir obras, como se todo poder constituinte envolvesse em si mesmo o pecado original da violência e da cisão entre uma dimensão ordenada – árquica – e outra desordenada – anárquica. Com base nessa leitura, Agamben constitui os dualismos *potestas* e *auctoritas*, vida e direito, vida nua e vida politicamente qualificada, humano e animal, reino e glória, entre muitos outros que povoam sua obra (AGAMBEN, 2014, pp. 334-336). Em todas essas díades há uma estrutura exceptiva que, atuando incessantemente entre os polos da máquina antropológica, os torna indiscerníveis, cindido a experiência factícia por meio de um movimento de exclusão inclusiva pelo qual certa dimensão – os direitos fundamentais, por exemplo – só se torna pensável ou politicamente relevante na medida em que é incluída diferencialmente no sistema pelo *ex-capere* (o "capturar fora") próprio da exceção. No exemplo dado, tal se traduz pela percepção de que apenas se garantem direitos mediante gestos legitimadores da violência institucional do Estado que os afirma.

Segundo Agamben, conceber – como a tradição ocidental vem fazendo desde a revolução francesa – um poder constituinte capaz de transformar a realidade político-jurídica não significa mais do que trocar de amos e senhores, pois um poder que tenha sido abatido por uma violência constituinte fatalmente ressurgirá sob outras formas. É que, em tal hipótese, não se desativou a dialética da violência que põe (poder constituinte) e mantém (poder constituído) o direito. Assim, para Agamben, poder constituinte e poder constituído formam um sistema, de maneira que o constituído se funda retoricamente no constituinte e o constituinte – inicialmente visto como poder que se dá fora do Estado e que permanece mesmo após o ato de constitucionalização – acaba sendo capturado pelo constituído, passando a sobreviver apenas enquanto poder de revisão da Constituição, como na clássica lição de Sieyès (AGAMBEN, 2014, pp. 336-337). Para evitar essa redundância paradoxal, a receita de Agamben passa pelo abandono da díade poder constituinte/constituído e pela assunção da radical inoperosidade da potência destituinte, que não produz obra, e sim desativa obras já existentes, preparando-as para um novo uso mediante aquilo que Walter Benjamin chama de destituição (*Entsetzung*) (AGAMBEN, 2014, pp. 339-341).

Ao que me parece, os equívocos na construção de Agamben são evidentes. Em primeiro lugar, a ligação umbilical que ele vê entre poder constituinte e poder constituído é um dado histórico, não ontológico. Pode-se muito bem pensar e realizar um poder constituinte que, tal como seu nome indica, não seja subsumível ou limitável pelo poder constituído. Caso se conceba um poder constituinte permanente que não se relacione hierarquicamente com o poder constituído, que até mesmo se lhe oponha no sentido de que, sendo permanente, jamais dará lugar a instituições fixas que possam se legitimar sob a etiqueta do "poder constituído", não há razão para afirmar, como faz Agamben, que toda instituição manterá viva a violência originária da *arkhé* que põe e conserva o direito. Para tanto, deve-se pensar um *poder desinstituinte* capaz de desativar as instituições do capital, do Estado e do mercado. Tal poder, diferentemente da potência destituinte de Agamben, se relaciona diretamente ao poder constituinte; não como se representasse um seu momento lógico, mas enquanto estrutura necessária para destruir o poder constituído e substituí-lo por um poder constituinte contínuo e permanente.

Se em Agamben a dialética entre poder constituinte e poder constituído precisa ser totalmente abandonada para se negar a relação entre ambos, o que é possibilitado pela potência destituinte, em minha proposta se objetiva quebrar o vínculo histórico e retórico entre poder constituído e poder constituinte, liberando este do sequestro patrocinado por aquele. Para realizar tal projeto, é imprescindível uma força desinstituidora que avance contra aspectos institucionais e concretos do capitalismo e do Estado, abrindo espaço para a produção de novas subjetividades, novos usos e novas normatividades que nascerão a partir do poder constituinte permanente, o qual não deve ser visto sempre, como quer Agamben, enquanto mera expressão da violência do *nómos*. Ao contrário, o poder constituinte, como figura originalmente rebelde, envolve uma excedência produtiva que não é limitável pelos mecanismos institucionais do poder constituído (NEGRI, 2015, pp. 19-20).

Assim, pode-se compreender o *poder desinstituinte* enquanto fuga ou êxodo das formas institucionais pelas quais se expressa o poder político-econômico contemporâneo, traduzido em instituições como o Estado, os bancos e os mercados globais. Ainda que todo ato constituinte envolva necessariamente dinâmicas desinstituintes, a natureza radical da crítica que imprimo à totalidade do sistema político-jurídico atual exige que a desinstituição seja pensada de maneira própria, tendo em vista que não se trata de um simples momento lógico necessário para futuras constituições. O desejo de liberdade se traduz não na dialética entre poder constituinte e poder constituído, mas na relação horizontal entre poder desinstituinte e poder constituinte permanente. Não há dúvida de que o processo histórico de afirmação do direito ocidental se fundou na violência apropriadora e hierarquizante. Entretanto, não há qualquer razão para se afirmar que sempre será assim e que toda produtividade traz em si a marca dessa *arkhé* originária. Afirmar tal tese, a da indissociabilidade entre violência, produção e constituição, equivale a confundir história e ontologia e assim bloquear as possibilidades concretas de transformação social. Nem tudo que foi tem que continuar a ser, pois a história é obra humana, não uma forma que se impõe em sua mesmidade ao longo do percurso temporal das sociedades. E entre as ontologias, como bem sabe Agamben, há sempre aquelas da possibilidade, da abertura, da potência-de-não. Nelas se fundam as lutas sempre produtivas dos oprimidos por uma realidade *an-árquica*, ou seja, não-separadora, não-apropriante e não-hierarquizante.

Toda ação política envolve uma aposta que, contudo, não precisa ser cega. A criação de estruturas político-jurídicas pelo poder constituinte democrático-radical, partindo necessariamente da desconstituição das antigas formas capitalistas, indica a assunção de uma nova visão de mundo por parte dos reais titulares do poder político. O gesto mesmo da negação do que está em ato – os dispositivos hierárquicos e apropriantes do Estado-capital – equivale a uma criação pela via inversa, no sentido de um futuro aberto em que nada está garantido, a não ser a impossibilidade de se continuar vivendo sob um sistema político-jurídico-econômico global que, já se tendo mostrado claramente insano, ameaça a própria existência física do planeta em que se desenvolve. Em outras palavras: não podemos saber o que surgirá a partir da potência constituinte, imensurável e relativamente indeterminada, mas podemos sim afirmar, com base no poder desinstituinte, que esse novo mundo não será semelhante ao atual sistema exceptivo do capital.

Diferentemente do poder constituinte, que sob o paradigma moderno correspondia à ideia de soberania, traduzindo-se como poder imprevisível capaz de criar novas formas que não podiam ser conhecidas de antemão, o poder desinstituinte se apresenta em negativo, ou seja, trata-se sempre de uma potencialidade que se atualiza à medida que nega as estruturas determinadas e concretas que integram os dispositivos institucionais de fato existentes. Com efeito, ainda que não saibamos como será um mundo pós-capitalista, pensá-lo exige necessariamente que abramos mão do projeto de tomar as estruturas do Estado, envolvendo antes atos de deserção em relação aos poderes que pretendem nos fazer crer que vivemos em "democracias respeitáveis" (JAPPE, 2015, p. 121).

Conforme notou Furio Jesi (2014, pp. 87-88) de maneira certeira em seu lendário estudo sobre a simbologia e a mitologização das revoltas, uma das mais decisivas conquistas do capitalismo foi ter imposto suas estruturas enquanto verdadeiros padrões e símbolos de força, de maneira que todas as organizações que o criticam e tentam vencê-lo, a exemplo dos partidos e sindicatos de esquerda, sentem-se inexoravelmente impelidas a reproduzir suas formas, como se essas estivessem fora da história e representassem símbolos não-contingentes de poder. Nada obstante, como toda mitologização não-genuína, aquela do poder capitalista corresponde a mero acidente epocal, não envolvendo nenhum conteúdo de verdade a-histórica. Nesse contexto, o poder desinstituinte se mostra como uma força que, mais do que abrir espaço ao novo, torna possível a historicização do capitalismo e, consequentemente, sua crítica radical e derrocada. Para cumprir esse papel, o poder desinstituinte precisa ser pensado em sua radicalidade ontológica própria, e não como mero símile negativo do poder constituinte, em especial quando este é entendido enquanto afirmação soberana do "Povo" ou do Estado. Como dito na introdução deste livro, trata-se de criar um novo léxico político em que o lugar da palavra e da experiência soberanas – principalmente a do mitologema "Povo soberano" – seja desativado e tornado impróprio, inautêntico e inútil.

Esse ponto me parece importante e não deve ser menosprezado. É de fato perigoso conceber o poder constituinte de modo formal e vazio segundo o paradigma constitucionalista moderno da soberania, o qual tem em Schmitt seu último grande teórico. Por ser aberto e indeterminado, o poder constituinte pode originar qualquer tipo de sociedade. Isso demonstra que o poder constituinte não é uma panaceia para todos os males, visto que sua ação inclusive pode levar os seres humanos a se organizarem sob estruturas ainda mais autoritárias do que aquelas impostas pelo capital. Tal consequência é inevitável e constituiu o caráter propriamente político do poder constituinte. Com efeito, o político se identifica não com a definição e a caracterização do inimigo, mas com a tentativa de ordenar a contingência e a indeterminação intrínsecas às estruturas sociais. Dessa maneira, agir politicamente significa apostar. Eis o verdadeiro sentido trágico do poder constituinte.

Contudo, como dito antes, não se trata de uma aposta cega. Se o poder constituinte efetivamente funciona com base na indeterminação e na abertura que podem dar origem a quaisquer configurações sociais, algumas inclusive piores do que o capitalismo, é necessário garantir um grau mínimo de segurança. Ninguém aposta se não tiver certa confiança em resultados positivos. Segundo minha proposta, essa confiabilidade se garante ao poder constituinte quando ele é pensado e praticado em estreita relação com o poder desinstituinte. Este, diferentemente do poder constituinte, não é aberto nem indeterminado, e sim configurado pela realidade que nega. O poder desinstituinte se define negativamente por meio das instituições existentes. Assim, aquilo que o poder desinstituinte desinstitui configura o mínimo a partir do qual agirá o poder constituinte, que pode constituir tudo, menos aquilo que foi negado pelo poder desinstituinte, caso esteja em jogo um projeto político coerente. Em uma linha de pensamento similar, Negri (2015, p. 19) afirma que o poder constituinte não deve ser pensado como uma potência vazia. Por não existir na época pós-moderna um "dentro" e um "fora", toda tendência política se põe em estreita relação com a historicidade presente. Dessa maneira, o poder constituinte sempre terá seu conteúdo determinado pelas resistências e singularidades contra as quais se choca.

Instituições como o Estado, o banco, a bolsa de valores, a propriedade privada, a herança e o contrato, na medida em que tenham sido desinstituídas, não poderão ser reconfiguradas pelo poder constituinte, que encontrará na ordem negada pelo poder desinstituinte um limite à sua infinita maleabilidade. Desse modo, torna-se possível que se aposte não sem riscos – o que seria um contrassenso –, mas se assumindo seriamente o desejo de construir sociedade mais dignas, diferentes daquelas que foram desinstituídas. O poder desinstituinte funciona então como uma garantia de não regresso ao capitalismo, abrindo um imenso campo de experiências em que, apesar de nada estar assegurado, se excluem de início algumas alternativas que já se revelaram na história como inaceitáveis a partir de um ponto de vista ético – não há justificativa para a submissão de 99% da humanidade ao 1% de indivíduos e empresas que dominam o poder político-econômico – e ineficientes a partir de um ponto de vista produtivo – o trabalho livre produz o comum mais e melhor do que o capital, hoje limitado a uma alucinada valorização do valor, inclusive sob perversas formas financeiras, rentistas e virtuais.

Desobediência total

Normalmente se conceitua a desobediência civil como um tipo de atuação ilegal, pública, não-violenta e efetivada para modificar certa lei ou política governamental. Tendo em vista essa definição, parece que a desobediência civil só é praticada dentro dos marcos de um sistema jurídico dado, ao qual, de maneira geral, se respeita, objetivando-se apenas transformar alguns de seus aspectos específicos. Eis a compreensão da desobediência civil que vários autores desenvolvem ao tratar tal tema no contexto do tradicional dicionário de política.

Entretanto, mesmo alguns teóricos que entendem a desobediência civil enquanto expressão do poder constituído reconhecem que ela pode se voltar, em situações extremas, à crítica e à tentativa de invalidação da totalidade de um sistema político-jurídico, como ficou evidente nas ações dos desobedientes capitaneadas por Gandhi, as quais se iniciaram tendo em vista algumas políticas discriminatórias pontuais do governo inglês e logo se transformaram em uma campanha contra todo o sistema colonial a que a Índia estava sujeita (ARENDT, 1972, p. 77).

Essa situação demonstra que a desobediência civil, mais do que um mecanismo de autocorreção do direito constituído, pode funcionar como expressão de um *poder constituinte ativado por um poder desinstituinte*, conforme visto na seção anterior. Nessa hipótese, a desobediência excede o direito positivo dado, apresentando-se enquanto fonte de juridicidade, não seu resultado ou produto. Para que a desobediência civil cumpra esse papel, são necessárias circunstâncias muito específicas. Entendo que hoje tais circunstâncias estão presentes sob a forma do estado de exceção econômico permanente. Demonstrei na primeira seção deste capítulo que, mais do que colonizar, a exceção econômica transmuta os Estados de Direito. No início do século XXI se assiste à rápida desconstituição dos direitos e garantias liberais que, apesar de nunca terem funcionado em sua plenitude, cumpriram um importante papel histórico ao inserir parcialmente no debate e na vivência política camadas e grupos sociais antes explorados e marginalizados.

Para continuar com meu argumento, gostaria de sublinhar que a desobediência civil não é a única e talvez nem a mais eficaz estrutura de manifestação do poder constituinte. Há diversas outras formas, tanto passivas – a greve geral revolucionária, por exemplo – quanto ativas – insurgências, resistências armadas, revoluções etc. – que têm por objetivo a transformação total do quadro político-jurídico-econômico da exceção. Muitas dessas modalidades de poder constituinte lançam mão de métodos violentos, o que não significa que sejam ilegítimos. Não se pode esquecer as lições de Schmitt e Benjamin sobre a conaturalidade entre direito e violência. De acordo com o que foi apresentado no segundo capítulo, a normatividade atual surgiu de atos originários de tomada da terra justificados miticamente com o emprego de metáforas moralizantes, ao passo que o sistema jurídico monopolizou para si o uso da violência, tida como meio absoluto do direito e, portanto, não compartilhável com outras esferas sociais. Nada obstante, também não se pode olvidar o caráter histórico e não ontológico das teses de Schmitt e Benjamin, dado que dizem respeito a certa experiência do direito – a ocidental, surgida na Grécia, e que hoje se apresenta enquanto direito capitalista-apropriador – e não a toda e qualquer experiência jurídica possível.

Poder e normatividade – e não violência e hierarquia – são os elementos necessários a qualquer experiência jurídica. Se hoje essas díades são confundidas, tal se deve à imediata e irrefletida identificação entre o que é – o direito capitalista – e o que pode ser – outras formas de normatividade. Caso aceitemos o convite que Agamben faz à "geração que vem" para pensar um direito em que a violência esteja desativada, sobressai, entre as diversas modalidades constituintes desse novo direito, a desobediência civil. E isso em razão de seu caráter não-violento, visto que, em linguagem mística, a desobediência civil não acumula *karma* ou, para ser mais claro, não mantém ativo o mecanismo do direito capitalista que exige sempre mais violência para se fundamentar e se realizar. A partir dessa perspectiva, a desobediência civil pode ser pensada enquanto instituição jurídica radicalmente argumentativa, muito mais do que qualquer teoria da argumentação ligada aos poderes constituídos ousa conceber.

Os constitucionalistas sistematizam as concepções tradicionais de desobediência civil afirmando que se pode entendê-las ora como teste de constitucionalidade, quando mediante o ato de desobediência se questiona diretamente a validade constitucional de determinada norma jurídica, ora como exercício direto de um direito já reconhecido na Constituição, quando, por exemplo, a autoridade nega o direito à manifestação e ao protesto e os desobedientes desconsideram tal proibição indo às ruas. No primeiro caso, trata-se de uma postura ativa dirigida ao Poder Legislativo, enquanto na segunda hipótese os desobedientes adotam posições passivas e se voltam contra medidas e decisões do Poder Judiciário ou Executivo. O que importa, contudo, é que em ambas as situações os desobedientes questionam atos de ponderação de valores e princípios efetivados pelo poder público – seja ao criar ou ao aplicar normas jurídicas –, tentando demonstrar que certas opiniões, circunstâncias e pontos de vista não foram adequadamente considerados e sopesados. Percebe-se que essas compreensões da desobediência civil se ligam à necessidade de comover ou ativar a opinião pública, pretendendo assim modificar certas decisões do poder soberano. Contudo, a natureza profundamente antidemocrática de tal poder permanece inquestionada.

Na contramão dessa visão reformista, em um quadro no qual qualquer transformação político-jurídica relevante passa pela necessária mediação dos poderes do mercado e do Estado-capital, a desinstituição patrocinada pela desobediência civil me parece fundamental para a constante reafirmação da perenidade do poder constituinte, comparecendo como uma importante – mas não única – via de luta para a constituição de direitos-que-vêm verdadeiramente democráticos e não calcados no *nómos* proprietário e violento que hoje marca – de maneira explícita ou implícita – as experiências pós-modernas de normatividade. É evidente a ineficácia das concepções reformistas que limitam a função da desobediência civil a cenários institucionais de normalidade, quando então ela funciona como válvula de escape ou, no melhor dos casos, como mecanismo de autocorreção ou mesmo de autointegração do direito. Nessas construções teóricas, a ação desobediente é constrangida a assumir a validade de toda a estrutura político-jurídica vigente, questionando-lhe aspectos específicos sem, contudo, se dirigir a uma desinstituição geral do sistema. Todavia, a situação em que os Estados de Direito estão hoje imersos somente pode ser entendida sob o viés da exceção econômica permanente, quando a união entre Estado, finanças e mercado vem à tona e determina *de facto* a direção antipopular das políticas estatais, a ilimitação do poder privado capitalista e o esvaziamento das conquistas históricas dos movimentos de luta por direitos iniciados no século XVIII e radicalizados por grupos operários, negros, feministas e outros durante os séculos XIX e XX.

Entender a desobediência civil enquanto dispositivo de ajuste ou de correção do poder constituído significa negar-lhe toda potência efetivamente transformadora e democrática, vendo-a como mais um dos muitos mecanismos técnicos que, controlados e referendados pelo Estado-mercado, representam um papel retórico, indicando e comprovando a suposta normalidade de um sistema de direito que, na verdade, está há muito esgotado. De fato, esse sistema é agora imune a qualquer transformação que ponha em jogo os fundamentos privatistas, egoístas e individualistas em que se funda, tal como comprova a crise político-social que assola o Brasil atualmente, para dar apenas um exemplo. Julgo impróprio e contraditório derivar a fundamentação da desobediência civil a partir dos princípios de um sistema nômico-proprietário que em seu desenvolvimento histórico tem sido separador, hierárquico e violento, características que se opõem aos traços definidores da desobediência civil, que é pública, horizontal e pacífica. É urgente pensar uma política contestatória e crítica que não se proponha a ser apenas uma violência diferente daquela monopolizada pelo *nómos* proprietário. Essa é a única maneira de escapar ao assujeitamento total gerado pelo capitalismo tardio, quando a subjetivação contempladora garantida pela sociedade do espetáculo se justifica e se mantém conjuntamente com a violência legalizada e institucionalizada característica do estado de exceção.

Cada resistência violenta imposta ao sistema o fortalece, pois o leva a ativar novos mecanismos de controle e de subjetivação. Na verdade, o estado de exceção somente sobrevive e prospera caso seja constantemente justificado pela resistência que o questiona e, assim, de modo paradoxal, o exige e mantém. Diferentemente do que pensava Foucault, a resistência não é a outra face do poder, mas o poder mesmo. Resistir violentamente ao estado de exceção, ainda que com bons argumentos, constitui uma maneira de ativar os arcanos do poder que descansam na ação produtora e reprodutora de um mundo social cindido. Nessa perspectiva, "contra a exceção permanente não cabe rebelião, porque o não cessar de se rebelar constitui o primeiro de todos os mandados que tal exceção impõe" (VALDECANTOS, 2014, p. 156). Isso é claramente perceptível nas lutas sociais que ocorreram entre 2011 a 2013, quando a explosão mundial de indignação popular foi primeiramente tida por legítima para logo em seguida servir como justificativa para um aprofundamento sem precedentes – ao menos nos Estados autointitulados "democráticos" – da exceção, com a aprovação de várias leis e medidas administrativas que criminalizaram a contestação pública da ordem capitalista, chegando-se mesmo ao absurdo de vulnerar os princípios basilares da presunção de inocência e do devido processo legal, bem como o direito à informação, à intimidade e à manifestação, a exemplo do que ocorreu na Espanha graças à famigerada *Ley Mordaza*.

No Brasil o processo se mostrou com particular clareza. Tendo sido surpreendido por junho de 2013, quando uma série de movimentos acêntricos, horizontais e espontâneos tomaram as ruas das principais cidades brasileiras e dificultaram o espetáculo da Copa das Confederações e o aumento das tarifas do transporte público, o poder político-econômico-midiático pôde apresentar tais movimentos como símbolos da barbárie e da desordem, arquitetando posteriormente uma estrutura de contenção, intimidação e controle raras vezes experimentada no país, graças à qual a Copa do Mundo ocorreu sem maiores incidentes. De modo simétrico, a aparente vitória consistente no recuo do Estado e de seus parceiros econômicos no que diz respeito ao aumento das tarifas do transporte público em 2013 foi rapidamente revertida em 2015, e dessa vez sem que o espetáculo midiático se incomodasse com a extrema violência policial mediante a qual os protestos em São Paulo, Rio de Janeiro e Belo Horizonte foram tratados e, em pouquíssimos dias, desacreditados e integrados à narrativa triunfal que a ordem faz de si mesma. Na vida política como na Física, toda ação gera reação, ainda que no palco das lutas humanas a reação esteja longe de ter intensidade proporcional à ação. Daí a necessidade de se valorizar as potencialidades desinstituintes e constituintes de uma (in)ação como aquela proposta pela desobediência civil.

Na interpretação assumida neste capítulo, em que o poder constituinte está estreitamente relacionado ao poder desinstituinte, a desobediência civil, desde que considerada para além da tradicional interpretação liberal e reformista, parece ser um dos mais adequados mecanismos para se pensar e agir desinstitucionalmente, e isso com uma imprescindível vantagem tática: sendo desprovida de violência, a desobediência civil não legitima automaticamente a reação do Estado-capital, historicamente marcado pela monopolização da violência. Com efeito, a exigência de não-violência me parece absolutamente central para o sucesso de ações desobedientes opostas ao poder constituído, dado que muitas vezes as práticas violentas de movimentos sociais que possuem causas justas são utilizadas como razões para as respostas sempre mais impiedosas do Estado. A tática da não-violência tem por objetivo não apenas despertar o sentido moral do adversário – como queria Gandhi –, mas também influir na opinião pública, de maneira a dirigi-la contra o Estado, mobilizando-a em benefício dos desobedientes que pretendem a instituição de novas estruturas político-jurídicas. A tal percepção tático-argumentativa se soma o aspecto institucional, segundo o qual o uso da violência por organizações de resistência é terminantemente proibido nas democracias constitucionais (EBERT, 1988, p. 93). Assim, com a tática da não-violência se facilita a aceitação da ideia de desobediência civil no contexto do poder constituído que ela pretende criticar e superar.

Conforme Costas Douzinas, o ato de desobediência torna possível a desvinculação dos comportamentos das pessoas da matriz econômica capitalista centrada no consumo, na dívida e no julgamento moral imposto às camadas populares, convocadas para suportar indefinidamente os efeitos nocivos da crise econômica permanente em que vivemos. Ao questionar o suposto *continuum* entre lei e justiça, a desobediência deixa de ser um ato individual de feição moralizante e se apresenta enquanto prática social de caráter coletivo e emancipador, podendo constituir novas subjetividades ao retirar os sujeitos do circuito desejo-consumo-frustração (DOUZINAS, 2013, pp. 175-176).

A (in)ação desobediente não precisa ser organizada por nenhum partido político, sindicato, ideologia ou qualquer outra estrutura centralizadora, tratando-se antes de um movimento que parte do grau zero da política graças ao qual novas subjetividades são constituídas (DOUZINAS, 2015). O que importa é criar formas emancipadas de ler a realidade social e de estar no mundo, desconstituindo as subjetividades proprietárias e hierárquicas na medida em que se desconstituem as instituições que as reproduzem no cotidiano. Para realizar essa tarefa, a desobediência civil me parece muito potente. Contudo, ela precisa se encarnar não apenas nas ideias abstratas aqui discutidas, mas em ações muito concretas: abandono do trabalho, greve geral nos serviços públicos, não pagamento de tributos e taxas, ocupação permanente e pacífica das sedes do poder constituído, abstenção eleitoral maciça, fuga do sistema bancário, multiplicação do cooperativismo etc.

Hannah Arendt (1972, p. 80) indica que a desobediência civil, como fenômeno extralegal, pode efetivamente se mostrar enquanto potência revolucionária. Após notar que todas as sociedades mudam porque estão em constante fluxo, e por isso mesmo precisam de alguma estabilidade, Arendt afirma que o direito estabiliza e normatiza as mudanças *depois* que elas ocorrem. Todavia, essas mudanças sempre resultam da ação de potências extralegais, ou seja, de algo que excede o direito, tal como ocorre com o poder constituinte. Daí porque a autora chegue – ao que parece, a contragosto – a uma conclusão muito similar à minha, segundo a qual a desobediência civil corresponde a uma das respostas possíveis à crise das instituições político-jurídicas. Hoje, quando o estado de exceção econômico se tornou a regra e a emergência cotidiana instaurada pelo capitalismo de desastre ameaça a sobrevivência da raça humana e de muitas outras espécies, a recusa radical do desobediente se revela enquanto uma potente via de fuga caso queiramos ter algum futuro neste planeta.

TOMEMOS EM NOSSAS MÃOS
O DICIONÁRIO DA POLÍTICA:
SUAS PALAVRAS PODEM SER
TORNADAS PRÉ-HISTÓRICAS,
APONTANDO PARA ALGO
QUE AS SUPERA, QUE BRINCA
COM ELAS E POR ISSO AS
PODE DESATIVAR NO MESMO
MOMENTO EM QUE AS
ENUNCIAMOS.

TEOLOGIA E POLÍTICA

Fraqueza

De maneira semelhante ao que operou Spinoza em sua época, hoje à metafísica soberana do capital é urgente opor uma (a)teologia democrático-radical da fraqueza e do êxodo, descontinuando o tempo fechado e homogêneo em que o capitalismo nos obriga a viver e possibilitando assim o evento messiânico, que nada tem a ver com teocracia, mas com democracia. É neste ponto ardente e polêmico que termina nossa viagem por alguns fragmentos do dicionário de política radical.

Jeffrey Robbins (2014, p. 178) conecta a multidão ao messiânico, apostando na dimensão de *agoridade* do poder político. Para tanto, ele leva em conta as ideias de Hardt & Negri segundo as quais, apesar de existir ontologicamente enquanto produtora inexaurível do comum, a multidão ainda precisa se constituir como sujeito político autoconsciente. Por seu turno, uma (a)teologia messiânico-democrática afirma que o Messias já veio e está operando – eis aí a multidão em sentido ontológico –, sem com isso desprezar sua futura e definitiva vinda, dessa vez como julgador e não vítima, tratando-se, nessa hipótese, da multidão em sentido político. Mais importante ainda: a (a)teologia política democrática traduzida sob o signo do messiânico representaria uma inversão das prioridades do poder, que seria então exercido pelos fracos, pobres e humilhados, não pelos poderosos deste mundo, transformando-se assim o poder soberano em revolução.[28]

Trata-se de tomar o partido da dor e não o do medo. Em sua leitura do *Livro de Jó*, Negri (2007, pp. 138-141 e pp. 144-145) eleva a dor – a dor coletivamente percebida, a dor enquanto possibilidade de participação ética radical *no* outro – a afeto democrático fundamental, opondo-a ao medo, que estaria ligado à soberania que vem do alto. A dor e o sofrimento, por nascerem de baixo, são horizontes comuns para a construção de comunidades democráticas, pois não se concretizam na passividade do medo diante da divindade, mas na luta dolorosa, na denúncia e na rebelião. O medo molda sujeitos passivos amorfos que se abandonam ao poder. Por sua vez, a dor constitui o primeiro passo para a revolução, como ilustra a atitude rebelde de Jó, sempre imprecando e provocando um Deus cruel de desmedido poder.

Segundo John D. Caputo, a imagem do Cristo ressuscitado deve ser levada a sério para a configuração de uma (a)teologia política da fraqueza e do evento. Isso determinaria a reorientação do pensamento devotado à compreensão

---

[28] John Caputo se pergunta de que modo se constituiria um pensamento teológico fundado não no poder soberano, mas na fraqueza divina: "Suponha que Deus não seja concebido como a base sólida sobre a qual o edifício onto-teo-político da soberania é erguido, mas é sistematicamente associado ao diferente, ao marginal, ao estranho, ao deixado de fora; com os nus, não com as longas vestes no interior do santuário, com os menores entre nós, os destituídos, os *anawin*, aqueles que são saqueados e pisoteados (Amós 8:4), e, portanto, com um impulso subversivo e 'revolucionário'? (CAPUTO, 2006a, p. 34). Sobre o tema, em outra perspectiva, cf. também MANSFIELD (2010) e MOREIRAS (2004).

do poder nas sociedades humanas,[29] opondo a fraqueza à onipotência, o gesto à verticalidade e os muitos ao Uno. Tal metamorfose se prefigura em certas passagens dos *Evangelhos*, a exemplo de quando Jesus se contrapõe ao poder político-econômico estabelecido no emblemático episódio da expulsão dos vendilhões do templo,[30] denuncia as falsas moralidades na cena do apedrejamento da mulher adúltera[31] e celebra o comum e sua infinita produtividade de vida nas bodas de Canaã[32] e na multiplicação dos peixes e dos pães,[33] milagres que podem ser lidos facilmente a partir de uma matriz político-democrática radical.[34] Ademais, para além dos *Evangelhos*, não é difícil encontrar nos outros livros do *Novo testamento* inúmeras passagens e ideias que hoje podem ser reinterpretadas enquanto vigorosos libelos anticapitalistas, como o belíssimo capítulo 18 do *Apocalipse*, construído para denunciar as "feitiçarias" dos "grandes da terra", dos comerciantes que enganaram todas as nações.

---

[29] "O corpo crucificado de Jesus propõe não que mantenhamos a teologia fora da política, mas que pensemos a teologia de outra forma, por meio de outro paradigma, outra teologia, exigindo que pensemos Deus de outra forma, como impotência, em oposição à teologia da onipotência que subjaz à soberania" (CAPUTO, 2007, p. 88).

[30] *Marcos* 11:15-19; *Mateus* 21:12-17; *Lucas* 19:45-48 e *João* 2:13-16.

[31] *João* 8:1-11.

[32] *João* 2:1-11.

[33] Esse milagre aparece na *Bíblia* em duas versões: "alimentando os 5.000" em *Mateus* 14:13-21; *Marcos* 6:31-44; *Lucas* 9:10-17 e *João* 6:5-15 e "alimentando os 4.000" em *Marcos* 8:1-9 e *Mateus* 15:32-39.

[34] Para uma compreensão política – ainda que não democrático-radical – da ideia de "milagre", afastando-a do cenário puramente teológico e entendendo-a enquanto irrupção do novo e do inicial que interrompe os processos previsíveis do mundo, como ocorreu com os milagres da vida na Terra e da inteligência nos seres orgânicos, cf. ARENDT, 2005, pp. 111-112.

O teólogo radical estadunidense Thomas J. J. Altizer vai ainda mais longe do que Caputo ao afirmar que a morte de Deus não é uma metáfora ou símbolo, mas a verdadeira comprovação do caráter satânico do Deus cristão transcendente. Sua interpretação soaria gnóstica se Altizer não explicasse que a morte de Deus constitui a única possibilidade de se pensar hoje, pois com ela se nega a transcendência, permitindo que a imanência profana surja enquanto consequência mais verdadeira da encarnação. Dessa feita, os cristãos devem se alegrar com a morte de Deus, não lamentá-la. Não há lugar para a ressureição, dado que o Deus transcendente precisa permanecer morto, indicando com isso o cumprimento total do cristianismo (ALTIZER, 1966, p. 44), a realização de seu *télos* anunciado em várias passagens dos *Evangelhos* – que Altizer lê com a lente de William Blake – nas quais Jesus recusa categoricamente todo título, todo nome, todo desejo de poder (ALTIZER, 2000, p. 120 e p. 132). Paradoxalmente, a teologia se realiza pela repetição ritual da afirmação do caráter absoluto de Deus que, desse modo, acaba esvaziado e exorcizado. Conforme a leitura de Redell,[35] teologias radicalíssimas de figuras como Thomas Altizer fazem sentido por não se calarem depois da morte de Deus, preferindo celebrá-la enquanto evento recorrente e sempre presente, que abre espaço para a pura imanência da presença, da pobreza e do sofrimento *neste* mundo.

---

[35] "Cada repetição de um absoluto, dos eternos conceitos e afirmações de certeza, serve para quebrar a própria ideia de um absoluto. [...] [A teologia de Altizer é] uma repetição obsessiva das fraudes enganosas da metafísica cristã. Por meio da repetição dos absolutos – de Deus e Satanás, da vida e morte – pode-se dizer que ele esvazia subversivamente seu valor representacional e os recria como "fantasmas" ou como jogos" (REDELL, 2014, p. 121 e pp. 128-129).

Em um contexto mais historiográfico e menos teológico, deve-se considerar a óbvia – e por isso muitas vezes esquecida – advertência que Frederico Lourenço (2016, p. 21) faz na introdução à sua magnífica tradução da *Bíblia* grega ao português, recordando-nos que os *Evangelhos* eram textos gregos bem diferentes daqueles lidos pela elite helenística do século I d.C. Com efeito, nos *Evangelhos* não se descrevem lutas e batalhas heroicas, nem há refinadas digressões filosóficas ou princesas e rainhas sedutoras. Neles aparecem os rejeitados e enjeitados sociais, o povo comum, a ralé que ia desde donas de casa até prostitutas, passando por leprosos, doentes mentais, deficientes físicos e pescadores. Assim, o substrato originário do que posteriormente fundamentou uma teologia política conservadora, autoritária e soberana corresponde a uma dimensão comum, democrática e popular – amorosa mesmo, no sentido amplo dado ao termo por Negri em sua releitura de Spinoza. Em nosso tempo, essa perspectiva não soberana dos *Evangelhos* foi maravilhosamente encarnada na versão camponesa e plebeia do texto de Mateus levado às telas de cinema por Pier Paolo Pasolini em 1964.

De acordo com muitos teólogos contemporâneos, tais como Dorothee Sölle (1971), uma reflexão teológico-política atual não deve tomar a *Bíblia* enquanto paradigma absoluto que gravita acima de suas vicissitudes, interpretações e condicionamentos históricos, sendo antes necessário introduzir uma forte carga de relatividade e de historicidade na compreensão dos seus livros, com o que o caráter nômico, patriarcal e machista que deles deflui pode ser posto de lado em nome de leituras mais autênticas, que considerem não as inevitáveis referências de Cristo às instituições e aos costumes de seu tempo, mas que saibam perceber a novidade de sua mensagem e como ela soava e ainda soa revolucionária. Nas palavras de Merio Scattola (2009, p. 224), uma teologia política contemporânea como a de Sölle "[...] não pretende pôr-se à disposição do século para o legitimar, pois assim santificaria o fetichismo do mundo e perder-se-ia como fé".

O trabalho do teólogo político contemporâneo efetivamente comprometido com o pensamento cristão – que é aquele dos fracos e dos humilhados pelo poder político separado – consiste em depurar os textos tidos como sagrados de seus condicionantes históricos, ao mesmo tempo em que deixa de encarar tais condicionantes enquanto verdades a-históricas, submetendo-as à crítica e assumindo que Jesus Cristo não é absoluto nem todo-poderoso. Sua encarnação corresponde a um processo constante e inacabado que só se realiza mediante a participação de todos os cristãos no trabalho de hermenêutica crítica aplicada ao legado espiritual que chegou até nós.[36] Somente assim a teologia política pode assumir uma nova faceta, diferentemente do que ensinou Schmitt (1922, pp. 59-60), para quem a imagem metafísica que certa época tem de si mesma seria o resultado de sua organização política, postura que, de maneira inevitável, leva a teologia política a justificar e a legitimar as instituições de seu tempo. Ao contrário, uma (a)teologia política democrático-radical precisa se descolar deste mundo e de sua justificação, exatamente como fez o Cristo em inúmeras ocasiões, cumprindo assim uma função crítica e negativa. Nessa perspectiva, a teologia poderá então negar o mundo capitalista e sua unidimensionalidade, apontando para outras possibilidades de vivências que se alinhem aos derrotados e não se submetam à idolatria do capital.

---

[36] Essas ideias altamente sugestivas são desenvolvidas em SÖLLE (1971).

A partir da consideração de um deus fraco que se comunica com os humilhados e os ofendidos pode-se estruturar outra concepção do político, centrada na sociabilidade, no encontro e na multiplicidade, atualizando assim uma das mais misteriosas teses teológico-políticas de Walter Benjamin (1974, p. 694), em que ele fala de uma fraca força messiânica ("*eine* schwache *messianische Kraft*", Tese II) que, contudo, se revela na luta contra a exceção fascista tornada regra, e promove, por meio da retomada da tradição dos oprimidos (*Unterdrückten*), a exceção efetiva (*wirkliche Ausnahmezustand*) capaz de redimir a história (Tese VIII, 1974, p. 697). Em sede teológico-radical, não se pode desconsiderar a resposta de Deus a Paulo, quando este lhe pede que o livre do espinho cravado em sua carne: "É-te suficiente a minha graça, pois a força atinge a completude em fraqueza".[37]

A fraqueza se opõe à vaidade dos poderosos, compondo um pano de fundo em que a soberania, entendida enquanto poder que não encontra limites e não se submete a nenhum outro, deve ceder lugar à multiplicidade democrática e à sua lógica da inversão já denunciada por Platão (2001), aquela que faz do escravo um senhor e do senhor um escravo.[38] Essa inversão democrática se aproxima da estrutura disruptiva anunciada por Paulo, quando ele afirma que Deus escolhe as coisas fracas deste mundo para confundir as fortes; as coisas loucas, para confundir as sábias, as que não são para confundir as que são,[39] constituindo assim um movimento que vai da potência ao ato e do ato à potência, continuamente, nunca afirmando o Uno e o estável, mas o múltiplo e o

---

[37] 2 *Coríntios* 12:9.
[38] Para uma crítica da denúncia platônica do mecanismo de inversão característico da democracia, cf. MATOS (2015, pp. 40-42).
[39] 1 *Coríntios* 1:27-28

trânsito. Tal se dá graças à fraqueza, à resistência daqueles que, mesmo submetidos, jamais abandonam a dimensão histórica em que sofrem. Segundo Ellen Meiksins Wood (1995, p. 232), o sentido original e radical da democracia enquanto forma concreta de auto-organização do povo sempre foi uma ideia que perdeu na história, configurando um dos elementos mais importantes – e mais desconhecidos – da tradição dos oprimidos que, se tivesse vencido, afirmaria hoje os ecos da democrática Atenas, dos *diggers* e dos cartistas, e não os da oligárquica Roma, da Magna Carta, da Revolução Gloriosa e do federalismo estadunidense.

De acordo com a reconstrução negriana (NEGRI, 2007, p. 7) do *Livro de Jó* – texto bíblico no qual um poder sem medida (Deus? o capitalismo?) atormenta um ser humano mergulhado no abismo de uma produção também desmedida (de dor? de trabalho?) –, resistir significa interpretar a própria derrota enquanto crítica ao poder, reflexão que, ademais, se aplicava ao próprio Negri quando escreveu o livro, preso por supostamente ter participado, como mandante intelectual, do sequestro e assassinato em 1978 do Primeiro-Ministro italiano, Aldo Moro. Ademais, o *Livro de Jó* é importante a outro título, pois constitui a primeira peça da complexa maquinaria antissacrificial que viria a ser o cristianismo (DUPUY, 2008). De fato, depois de Jó a tradição do sacrifício deixa de ser contada a partir de um ponto de vista externo e coletivo, passando a se centralizar na vítima. É ela que fala e, assegurando discursivamente sua inocência enquanto condição paradoxal do sacrifício – assim como fará Cristo –, torna inoperante o dispositivo sacrificial, privando o sagrado de sua força e trazendo-o para a esfera dos gestos humanos. Com a negação da tradição do sacrifício, na medida em que ele passa a ser encenado a partir do ponto de vista das vítimas, torna-se possível algo como uma tradição dos oprimidos, que arrebata dos vencedores – ou seja, dos sacrificadores – o monopólio do ato de contar histórias e constituir mundos. Dessa maneira, entendemos porque as lutas pela vivência excessiva da democracia radical e pela realização da exceção efetiva benjaminiana devem partir dessas e de muitas outras "derrotas" dos fracos.

Vida sacra

A crítica dirigida à democracia por pensadores conservadores como Huntington – mas que já estava presente nos escritos de Tocqueville –, segundo a qual, à medida que ela funciona, sempre exige mais e mais democracia, tornando o sistema instável e, no extremo, ingovernável, pode ser profanada e ressignificada enquanto expressão de um messianismo radical e constantemente produtivo, única postura teológica capaz de dar sentido ao projeto democrático. Democracia é, antes de tudo, promessa. Seu valor fundamental reside na confiança e na possibilidade de as pessoas cumprirem pactos sem a necessidade de autoridades externas superiores, que por serem abstratas – o Estado, Deus, o Povo, a Razão etc. – jamais nos defraudam. Diferentemente, as pessoas podem não cumprir pactos e, de modo paradoxal, isso é essencial para a confiança, configurando algo como uma "fé democrática". Só se pode falar em confiança quando se pressupõe a eventualidade de sua própria negação com a quebra da promessa.[40]

---

[40] "A naturalidade e a dificuldade da fé democrática radicam no paradoxo essencial da confiança. As pessoas são o único objeto adequado da confiança *porque* as pessoas têm a capacidade de não serem dignas de confiança. Só as pessoas têm a capacidade de não serem dignas de confiança *porque* nelas se tem confiança. Nós não confiamos que uma pedra é dura, ou que uma galinha põe ovos, ou que um objeto em

Talvez por isso a democracia radical seja a forma de exercício do poder político mais difícil de se visualizar, mas que mesmo assim se encontra em todas as partes, ainda que invisibilizada e despotencializada. Sem confiança, a sociedade atual – qualquer sociedade, na verdade – seria impossível. Por se fundar na promessa e na confiança, a democracia radical não oferece garantias, como fazem a violência estatal, as doutrinas religiosas, o temor a Deus e as estruturas burocráticas (LUMMIS, 2002, p. 189 *et seq.*). Caso um dia a democracia radical venha a funcionar globalmente, trará à luz os pequenos atos cotidianos que cimentam nosso viver-em-comum, demonstrando o que a sociedade *pode ser* com base no que ela *já é* de modo periférico e inconsciente.[41]

Para Rancière (2005), a democracia não é um tipo de governo, mas o substrato mínimo necessário a qualquer governo, estando presente inclusive nos regimes mais autocráticos. Por isso um antropólogo sensível como Claude Lévi-Strauss pôde perceber, após meses convivendo com os índios nambiquara no Brasil, que a base de toda sociedade política está no consentimento – ao mesmo tempo origem e limite do poder –, mesmo que apenas em sociedades muito pequenas e pouco

---

queda livre acelerará 980.665 centímetros por segundo. A confiança – e o ser digno de confiança – foi inventada como uma maneira de enfrentar as incertezas dos seres humanos, que são livres. Não transforma as incertezas em certezas. A confiança não é uma prova, mas juízo e escolha" (LUMMIS, 2002, p. 291).

[41] "A fé nos seres humanos é a fé mais dura; contudo, todos a temos em certo grau. Tem que ser assim para que possamos viver. É a própria matéria que molda nossa vida pessoal; é tão comum que mal a notamos. [...] Não obstante, esta fé foi um poder tremendo na história, muito mais poderosa do que toda a força até agora possuída pelos Estados, pelos exércitos e por qualquer outro organismo que exerce a violência. A prova da existência deste poder é que, apesar deles, a civilização ainda existe" (LUMMIS, 2002, p. 199).

complexas ele possa aparecer imediatamente como dado não só psicológico, mas também sociológico, camuflando-se em nossos modernos Estados sob a forma de sistemas diferenciais de mútuas garantias, préstimos e contrapréstimos que os seres humanos oferecem uns aos outros.[42]

Todo governo precisa se fundamentar em algum grau de confiança entre governantes e governados. Afinal, estes não são coisas, mas seres humanos que não podem ser dirigidos exclusivamente pela força. Esse mínimo – que é também um mínimo de igualdade – que o governante deve conceder a cada governado, sem o que não há relação política possível, corresponde ao mínimo democrático e ao mínimo de confiança que fazem as sociedades existirem e funcionarem. Por outro lado, como bem notou Hobbes no famoso capítulo XIII do *Leviathan*, não há governante poderoso o suficiente que não possa ser fisicamente eliminado pelos governados. Eis o substrato biopolítico da igualdade, que opera no sentido de demonstrar que os seres humanos devem ser tratados enquanto tais para serem governados, e não aniquilados, hipótese em que não haveria governo, por faltar o objeto do poder. Além disso, tal substrato expõe o caráter precário e matável do soberano e de suas instituições, compondo a base de democracia e igualdade que viabiliza o exercício de qualquer governo.[43]

---

[42] Lévi-Strauss desenvolve essa certeira reflexão no final do capítulo VII (seção 29) da sua monumental "autobiografia de viagem": LÉVI-STRAUSS, 1950.

[43] Segundo Andreas Kalyvas, até mesmo Hobbes teria admitido no *De cive* – antes de sua virada autoritária no *Leviathan* – que a democracia seria o elemento básico, necessário a todas as formas de governo, dado que pelo mero fato de se encontrarem e formarem uma comunidade, os seres humanos experimentariam algo semelhante a uma democracia. Assim, a democracia estaria na raiz de todos os regimes

Desse modo, a democracia radical não é uma novidade escandalosa, correspondendo antes a um projeto político que busca permitir que os níveis mínimos de democracia, igualdade e confiança já existentes na sociedade se maximizem, se libertem das amarras e restrições elitistas-liberais – como o constitucionalismo – e se revelem enquanto instâncias da excessiva, permanente e inesgotável produção do comum *para* o comum. Não se trata de transformar o mínimo de democracia necessário ao governo em uma forma de governo autônoma, o que tornaria a democracia dependente do governo, a exemplo do que fizeram os "pais fundadores" ao criarem a democracia representativa e o constitucionalismo que colonizaram e controlaram o desejo de liberdade e de igualdade dos sujeitos democrático-radicais, realocando-o em padrões aceitáveis para o capital. Propõe-se com a democracia radical maximizar não o governo, mas o mínimo de democracia que o governo precisa aceitar, conformando assim um não-governo, ou seja, uma esfera verdadeira e integralmente política, como parece vislumbrar Agamben em seu convite para se pensar o "que vem", expressão que não significa "o que virá", e sim "o que está vindo", como no título deste livro.

Enquanto promessa e confiança, a democracia radical assume a estrutura messiânica do vir-a-ser, tendo em vista o futuro e suas imprevisíveis recomposições entre ser e dever-ser, realidade e justiça, atualidade e idealidade, agindo então na dimensão do desejo. Disso deriva não a impossibilidade da democracia, como prevê Huntington, mas a sua radical processualidade, levando com que os democratas assumam uma *vida sacra* que, sem deixar de estar no mundo, aponte sempre para sua superação, traduzida na inesgotabilidade

---

políticos. Cf. KALYVAS (2013, p. 56).

do desejo de autotransformação. Isso significa viver, como aconselha o apóstolo Paulo relido por Agamben, em uma espécie de realidade mais real do que o real. Nessa hiper-realidade o gesto se perfaz ao mesmo tempo em que se nega:

> Portanto digo, irmãos, o tempo se abreviou; o que resta é que os que têm mulher sejam como se não [*hôs mé*] a tivessem, os que choram, como se não chorantes, os que se alegram, como não se alegrando, os que compram, como nada possuindo, e os que usam do mundo, como dele não abusando. De fato, a figura deste mundo passa. Quero que estejais sem cuidado.[44]

A fórmula do "como não" (ὡς μὴ, *hôs mé*) usada por Paulo, essencial para a configuração do que chamo de vida sacra, indica uma específica estratégia teológico-messiânica: depor sem abdicar. Trata-se de fazer a lei inoperante sem aboli-la, razão pela qual Paulo usa o verbo grego *katargéin*, ou seja, "tornar inoperante" (*argós*), desativar ou, para usar um neologismo, "desobrar". Segundo a interpretação de Agamben, desativar a lei significa retirá-la do âmbito do comando e do poder sem destruí-la, transformando-a em uma lei da fé – ou da aposta, em minha leitura. Assim, a condição político-jurídica em que cada qual se encontra – por exemplo, a de escravo ou a de senhor – não pode ser simplesmente negada ou transformada, como uma perspectiva ingênua – seja re-

---

[44] 1 *Coríntios* 7, 29-32. Cito no corpo do texto minha tradução literal da versão italiana de Giorgio Agamben dessa conhecida passagem de Paulo. Agamben respeita as aparentes contradições do texto grego original e as explora filosoficamente. Original: "Τοῦτο δέ φημι, ἀδελφοί, ὁ καιρὸς συνεσταλμένος ἐστίν· τὸ λοιπὸν ἵνα καὶ οἱ ἔχοντες γυναῖκας ὡς μὴ ἔχοντες ὦσιν, καὶ οἱ κλαίοντες ὡς μὴ κλαίοντες, καὶ οἱ χαίροντες ὡς μὴ χαίροντες, καὶ οἱ ἀγοράζοντες ὡς μὴ κατέχοντες, καὶ οἱ χρώμενοι τὸν κόσμον ὡς μὴ καταχρώμενοι· παράγει γὰρ τὸ σχῆμα τοῦ κόσμου τούτου. θέλω δὲ ὑμᾶς ἀμερίμνους εἶναι".

volucionária ou reformista – poderia aconselhar. Aqui está em jogo algo muito mais radical: usar, sem se apropriar, da condição factícia em que se está, sem hipostasiá-la, criando assim novas identidades. Com efeito, o trecho paulino é construído como uma crítica paródica ao dispositivo romano da propriedade, o *ius utendi et abutendi* (direito de usar e abusar) que aparece no versículo "os que usam do mundo, como dele não abusando" (AGAMBEN, 2014, pp. 86-87). Dessa maneira, frente ao dispositivo da propriedade – o direito de usar, de abusar e até mesmo de destruir o objeto que define o sujeito –, Paulo opõe um uso do mundo, vendo-o como algo inapropriável.

Trama-se assim um ser que, sendo usante – ou seja, desativante – do mundo e de suas condições factícias, abra novas possibilidades sociais, hoje impensáveis sob a lei de ferro do capitalismo e da representação política. Viver na dimensão do "como não" exige depor continuamente as condições sociais sob as quais vivemos, usando-as sem apropriação e, sobretudo, sem exterminá-las, o que inauguraria um novo ciclo de afirmação do poder separado, já que a negação só sobrevive enquanto reverso da afirmação. É por meio dessa figura teológico-messiânica, sugere Agamben (2014, pp. 345-347), que o dispositivo da cidadania poderia ser ressignificado, o que em uma democracia radical se traduziria no *schéma* "ser cidadão como se não fosse".

A vida sacra consiste em uma experiência psíquica, social e existencial similar à da fé religiosa. De acordo com Lummis (2002, p. 196), a fé se opõe ao cinismo e ao sentimentalismo por oferecer uma imagem real do mundo – diferentemente do irrealismo sentimental – e por possibilitar que se aja nele tendo esperança de que as coisas vão mudar

– o que o cínico se recusa a admitir. Não devemos ter medo dessa pequena palavra com as suas duas imensas letras: fé. A fé, "garantia de coisas que se esperam e certeza de coisas que não se veem",[45] integra toda ação e pensamento políticos. Todavia, por diversas razões – entre as quais se conta a tecnicização quantitativa do saber político, hoje declinado apenas sob o rígido controle acadêmico da ciência –, a fé acabou sendo confiscada pelas religiões. Tal confisco, contudo, não nos deve impedir de reconhecer no caráter aberto, coletivo e transformador da fé – ou da aposta, caso se prefira – uma dimensão radical que possibilita atividades que criam mundos a partir da palavra, da promessa e do compromisso. Religião e política compartilham esse caráter de crença que, conforme Daniéle Hervieu-Léger (1993, p. 105), diz respeito a um conjunto de convicções inverificáveis empiricamente (não se sabe se são falsas ou verdadeiras; aliás, essa questão nem faz sentido), mas que ainda assim são capazes de conferir significado e coerência às experiências coletivas e individuais que para elas se abrem. Como ensina Lucien Goldmann (1955, p. 99), a fé não pode ser confundida com suas manifestações transitórias e contingenciais associadas a determinada religião positiva, tratando-se antes de uma vivência total e comum compartilhada com as utopias sociais, dirigindo-se ambas – fé e utopia – a valores transindividuais baseados em um desafio.

Mas as proximidades entre a fé religiosa e a fé política – ou fé democrática, pois me refiro aqui não a uma política de gabinete tecnicizada, mas à política em seu substrato mesmo de ingovernabilidade – não anulam as suas óbvias diferenças. A fé religiosa sempre aponta para a transcendência,

---

[45] *Carta aos hebreus*, 11:1.

para outro mundo em que a esperança se realizará enquanto totalidade, assumindo assim a noção de esgotabilidade da esperança no próprio processo de seu cumprimento. É o que deflui, por exemplo, de um inspirado trecho de Merio Scatolla no qual ele propõe uma nova teologia política que, contudo, ainda não é uma (a)teologia política como a que desenvolvo neste capítulo:

> Como já havia ensinado Erik Peterson, o agir cristão, interpretado como prática da esperança imitando Jesus Cristo, antecipa a promessa de redenção do mundo e investe todo o espectro da existência humana; tudo isto, no entanto, não se resume a um genérico mandamento ético de fazer o bem, pois a adesão à presença de Deus impele a práxis cristã a questionar-se incessantemente se e até que ponto a sociedade moderna se mantém fiel à mensagem evangélica e, por isso, exige radicalidade em vez de rigorismo, exige uma religião messiânica em vez de uma religião burguesa, um futuro de expectativa em vez de um presente de saciedade (SCATTOLA, 2009, p. 39).

O sentido da esperança ínsito à ideia de democracia radical é substancialmente diferente daquele assumido por vários teólogos que, a exemplo de Jürgen Moltmann (1964) e Johann Baptist Metz (1997), conformaram a partir da segunda metade do século XX o que se convencionou chamar de "nova teologia política". Segundo explicam, a esperança constitui uma experiência fundamental para o cristão, na medida em que aponta para o futuro e indica a segunda vinda de Cristo e seu reino, evento incompatível com os poderes políticos deste mundo. A nova teologia política assume que a comunidade cristã vive no êxodo (RIZZI, 1991) e que o mundo atual não tem verdadeira contextura diante da radicalidade escatológica do vir-a-ser, garantida pela memória do sacrifício de Cristo, pela promessa e pela espera.

Por seu turno, a vida sacra do democrata radical é mais exigente do que a esperança da "nova teologia política", pois requer uma fé *neste* mundo que não se esgota, sendo excessiva e constantemente produtiva. Na vida sacra, usa-se as defeituosas e contraditórias democracias reais e empíricas *como se não* fossem defeituosas, mas sim per-feitas (acabadas), pois somente na dimensão da inexauribilidade e do excesso algo como a democracia radical pode existir. O excesso democrático é então a *desmedida da potência* que se opõe à desmedida do valor típica do capital. Em termos ontológicos, a desmedida se configura enquanto potência do ser diante do caos e da indeterminação da existência, resguardando a possibilidade de ver e de ser o Messias, de franquear a porta da história com um ato sempre transbordante porque sempre reconstrutivo,[46] sempre aberto ao outro: *caritas* revolucionária, ou seja, amizade do ser humano com Deus, mas com um Deus que é o próprio ser humano.

Por isso o caráter excessivo e sempre exigente da democracia não leva à sua destruição, mas à sua infinita perfectibilidade. Quando se está ciente do caráter limitado das democracias atuais, muito rapidamente pode-se passar a

---

[46] Desenvolvo essa ideia com base em uma percepção original de Antonio Negri, para quem a medida corresponde à ação do poder que a ilimitação da potência destrói: "Quando a potência se opõe ao poder, é porque ela se tornou divina. Ela é *fonte de vida*. É *superabundância de caridade*. O mundo pode ser reconstruído sobre essa base e só terá valor aquele mundo que for reconstruído desse modo – mas continuará fora de medida, pois a potência que cria não tem medida. Como o mensurante e o mensurado estão doravante inscritos em um mesmo sujeito, como a exploração foi destruída e não existe mais patrão, não temos a possibilidade de medir o valor" (NEGRI, 2007, p. 118).

desprezá-las, optando-se por sistemas de governo fundados na riqueza, na força ou na tradição, aos quais falta a dimensão radical da idealidade. Por seu turno, na vida sacra a democracia radical se realiza com o mesmo gesto que, ao se negar enquanto abuso efetivo e autoesgotador, aponta para um *resto* insuperável que mantêm vivos projetos alternativos de sociedade. Trata-se então de viver no mundo *como se não* houvesse mundo. Sem isso, é impossível transformá-lo.

Nessa perspectiva, concordo com Lummis (2002, p. 208) quando ele afirma que a democracia não se confunde com as instituições que possam vir a realizá-la, da mesma maneira que o amor não se confunde com o casamento e o riso não se confunde com o teatro cômico. A democracia não é um método ou um sistema de governo, mas um *estado existencial coletivo* fundado na promessa e na confiança. Dessa maneira, não há um momento temporal em que iremos, milagrosamente ou por meio das mais terríveis lutas sociais, "alcançar" a democracia, como se ela fosse uma coisa situada em uma linha reta que, tendo sido percorrida até certo ponto, nos revelará *a* democracia. Ainda que seja possível conceber vivências coletivas mais ou menos democráticas segundo certos padrões institucionais e procedimentais, a democracia como tal, além de não se confundir com esses instrumentos, jamais se mostrará enquanto realidade alcançada, garantida e dada. Daí porque a vida sacra produzida e exigida pela democracia radical seja uma expressão de sociabilidade paradoxalmente *(a)teológica*.

Por uma (a)teologia da potência

O (a-) privativo que coloco antes da palavra "teologia" indica o caráter de indecidibilidade próprio da dimensão pós-moderna em que penso o fundamento do poder político, relacionando-se a uma ontologia da abertura e da indeterminação. Mais do que debater uma infrutífera legitimação teológica ou ateológica do governo, o que só é possível a partir de uma compreensão exterior e separada do poder político, entendo que a (a)teologia se põe enquanto esforço e espaço de ruptura em relação aos dualismos e binarismos característicos das visões hierarquizadas do mundo social. Sem abrir mão da morte de Deus, mas também sem dela derivar qualquer dogmatismo crente ou laico, a (a)teologia política democrático-radical procura superar o modelo soberano de decisão unificada, apontando para horizontes de indecidibilidade nos quais o conflito está sempre e estruturalmente presente.

Jeffrey Robbins (2014) foi o primeiro autor a aproximar, de modo teórico consequente, as noções de teologia política e de democracia radical, ainda que ele não tenha pretendido articular essas dimensões e pensar uma nova (a)teologia política adaptada aos tempos atuais, o que deixa seu livro incompleto. Ademais, mesmo que Robbins não escreva a palavra "ateologia" e pareça evitar suas implicações, fica claro que sua proposta funciona apenas em contextos políticos (a)teológicos.[47] Se a Pós-Modernidade se caracteriza por abarcar uma pluralidade de micronarrativas em que nenhuma pode pretender se tornar uma metanarrativa dominante, o discurso teológico – ou (a)teológico – tem pleno direito

---

[47] É revelador, por exemplo, o trecho em que o autor se refere à substituição de Deus pelo povo, citando pela terceira vez em seu livro uma famosa passagem de Tocqueville – "O povo reina sobre o mundo político americano como Deus sobre o universo. Ele é a causa e o fim de todas as coisas, tudo vem dele e tudo nele é absorvido" – que possui claras repercussões ateológicas, ainda que Robbins queira lê-la enquanto expressão de certo panteísmo resignado. Cf. ROBBINS (2014, p. 155).

à existência, não podendo ser rechaçado sob o argumento "racionalista" – que, no fundo, não passa de grosseiro obscurantismo histórico-cultural – segundo o qual ele diria respeito a objetos inexistentes e impossíveis de serem "cientificamente" ou "objetivamente" verificados.

Ao assumir um pensamento (a)teológico, tenho em mente o que disse John D. Caputo (2006a, p. 267), para quem a teologia está sempre presente onde há um centro fixo traduzido no Um que exclui os Outros. Nesse sentido, o ateísmo é profundamente teológico, pois crê na inexistência de Deus sem lugar para dúvidas. Assim, teologia é sinônimo de pensamento petrificado, incapaz de se abrir ao que lhe parece indiferente ou inassimilável. Ao contrário, uma (a)teologia como a que proponho aceita não só a indecidibilidade última de todas as coisas, mas também seu fluxo, movimento e hibridação, em um processo muito semelhante ao da filosofia primeira dos pré-socráticos, logo transformada em dogmatismo por Platão e Aristóteles.[48]

Com isso não quero dizer que nada se decida e que o fluxo seja absoluto, como ocorre em muitos pós-modernismos que, paradoxalmente, se resolvem em duros "dogmatismos do evento" que com nada se comprometem. Nas democracias radicais se decide sempre, mas não de modo a hipostasiar ou a autonomizar a decisão, separando-a do corpo social e tornando-a excepcional. Uma (a)teologia democrático-radical encara a decisão apenas como momento

---

[48] Em outro trabalho, discuti as diferenças essenciais entre o pensamento pré-socrático, tido como genuinamente filosófico, e o desvio teológico-dogmático patrocinado por Platão e Aristóteles, o qual acabou moldando nossa maneira de conceber a filosofia a partir de então. O tema é de enorme complexidade e não pode ser apresentado neste capítulo, razão pela qual remeto o interessado a MATOS (2014).

da indecisão ontológica que nos funda. Para enfrentar a máquina unificadora e soberana do Ocidente, traduzida ou não em uma teologia de recorte schmittiano, é necessário assimilar o drama nem sempre trágico da indecidibilidade, que se revela enquanto (a)teologia, ou seja, pensamento que não *é* nem *não é*, mas *se abre*.

A democracia radical aposta em singularidades democráticas, sempre fundadas em sua produção imanente e inexaurível do comum. Nessa perspectiva, a (a)teologia política dos nossos tempos parte não apenas da morte de Deus, mas também do local vazio do poder agora tensionado pelas singularidades. O poder político democrático-radical nasce da imanência absoluta de uma *mística da potência*, calcada na percepção de que a ordem do mundo se constrói pela conjugação de uma potência absoluta com uma indeterminação absoluta, nunca se esgotando em atos (NEGRI, 2007, p. 39). Nesse sentido, é interessante retomar a diferença medieval entre *potentia absoluta* e *potentia ordinata*. A primeira expressão indica a capacidade de Deus de quebrar as leis que ele próprio criou, instaurado assim uma exceção, e a segunda se refere à "normalidade" da presença divina no dia a dia da criação. Em minha proposta (a)teológica, essa percepção vai além da óbvia – e conservadora – analogia entre *potentia absoluta* e estado de exceção, por um lado, e *potentia ordinata* e lei/direito, por outro lado. Segundo entendo, na *potentia absoluta* descansa não apenas a possibilidade da exceção, mas também a capacidade biopolítica divina de criar vida, o que se traduz em uma potência da potência que, por se abrir ao imediatamente indeterminado, se revela enquanto mística.

Com efeito, o que caracteriza a experiência mística é sua negação de qualquer mediação entre a divindade e o crente, colocando em xeque todas as autoridades religiosas constituídas. No contexto pós-moderno, o espaço de fundamentabilidade do poder se reconfigura não enquanto pura negação do que ainda não é – o messiânico – e fixação irrefletida no mundo "real" e "empírico". A democracia radical, que sempre envolve aposta e risco, que está continuamente constituindo os limites do real em nome do potencial, transforma a ateologia entendida como pura negação do mais-além em uma (a)teologia mística potencial da imanência que não necessita de qualquer transcendência; ao contrário, ancorada na imanência da produção viva do comum, a (a)teologia abre esferas de potencialidade e de inesgotabilidade ilegíveis tanto para o secularismo quanto para a teologia pura e simples. Dessa feita, a comunidade (a)teológica se dá como fundamento com o mesmo ato pelo qual se organiza politicamente, consciente de ser apenas uma possibilidade entre tantas outras que o mais-além reserva. Se essa mística for fiel a si mesma e ao gesto que constantemente a atualiza entre as diversas potencialidades contidas nela própria ao se assumir enquanto precariedade, risco e jogo, poderá então ser declinada apenas no plural: místicas da potência que são produzidas/produzem o comum.

Aqui vale a advertência de Gershom Scholem (2015, pp. 11-42), para quem as místicas não são sempre e necessariamente revolucionárias, apresentando com frequência aspectos conservadores que, afinal, apontam para as tradições de que elas surgem e contra as quais eventualmente podem se contrapor. Todavia, mesmo que uma mística possa assumir funções conservadoras e autoritárias – risco sempre presente –, ela se revela enquanto possibilidade de *interpretações infinitas e amorfas*, como explica Scholem. De fato, ao contrário das autoridades religiosas, o místico não usa nem pode usar formas específicas e determinadas para expressar sua experiência. É exatamente graças a essa ausência de forma que se torna possível a produtividade infinita característica da mística.

A abertura incontrolada aos significados torna a mística particularmente adequada à dimensão pós-moderna, quando a ausência de forma pode levar a um niilismo pós-metafísico (Nietzsche e Heidegger), a um lamento autoritário pela ordem perdida (Schmitt e Huntington) ou a uma experiência da potência em toda sua produtividade (Deleuze, Negri e Agamben). Interpretação infinita e descompromisso com a forma: eis os elementos definidores de um poder constituinte radicalmente democrático que, ao se expressar em chave (a)teológica, assume integralmente a conclusão de Scholem (2015, p. 21): "A autoridade não mais reside num singular e inequívoco 'significado' da comunicação divina, mas na sua infinita capacidade de assumir formas novas".

Por fim, resta frisar que a mística da potência que reivindico apresenta caráter coletivo, dado que o tensionamento do comum constitui a sua específica tarefa. Por mais que a mística tenha se expressado em tom individual nos três grandes monoteísmos históricos, não me parece que o alheamento da comunidade seja um elemento imprescindível desse tipo de experiência. A mística contemporânea se opõe à religião, à institucionalização do sagrado e do poder, indicado uma esfera de vivências não quantificáveis que, por se darem no contexto aberto e indeterminado inaugurado pela morte de Deus, não levam à angústia da incomunicabilidade que desesperou os místicos judeus, cristãos e muçulmanos. Tendo em vista que o *comum* constitui as experiências do pensamento e da linguagem, que existem somente quando são compartilhadas, usadas e experimentadas pelos grupos humanos que se dão sentidos históricos, importa muito pouco a tentativa de traduzir com exatidão nossas sensações, afetos ou pensamentos. A mera experimentação da potência do comum traz de imediato possibilidades de partilha e contato que não se declinam sob o signo da alienação dominadora.[49]

Assim, na própria abertura da imanência-linguagem que é o comum, mesmo com toda probabilidade de que se verifiquem desentendimentos, incorreções, conflitos e duplos sentidos, se põe a tarefa infinita dos seres humanos, desafiados a se autoconstituírem enquanto comunidades políticas inessenciais, com a apreciável vantagem, que só as místicas da potência possibilitam, de contarem para tanto com uma linguagem não dicionarizada – e, portanto, com uma práxis política – que não separa, não hierarquiza, não domina. Em uma palavra: não comanda. É *an-árquica*. Entregue a si mesma. "Pois a lei produz ira; e onde não há lei, também não há transgressão".[50]

---

[49] Nesse exato sentido, discorrendo sobre as consequências políticas de uma ontologia alternativa como a de Ibn-Rushd, conclui Esposito: "Se a vontade já não responde a um intelecto implantado no interior de um corpo individual, mas entra em um contato provisório e nunca definitivo com uma potência comum de caráter impessoal, também suas opções serão internas a um interesse coletivo que diz respeito à espécie humana em sua totalidade. Nesse caso, o que muda é todo o significado daquilo que se define como política – não mais o domínio de si voltado para o domínio dos outros, mas a elaboração de um recurso que desde o início pertence a todos" (ESPOSITO, 2013, p. 165).
[50] *Romanos*, 4:15.

CODA: TESES PARA RAVACHOL

1.

"A Justiça foi feita esta manhã às 04h05 sem incidentes ou protestos de qualquer tipo. Ele acordou às 03h40. O condenado recusou a presença do capelão e declarou que não tinha nada para confessar. Inicialmente pálido e trêmulo, logo ele demonstrou um cinismo afetado e exacerbação aos pés do patíbulo momentos antes da execução. Em voz alta ele cantou rapidamente uma curta canção blasfema e revoltantemente obscena. Ele não pronunciou a palavra 'anarquia', e quando sua cabeça foi colocada no buraco ele emitiu um último grito de 'Longa vida à Re...' Uma calma completa reinou na cidade. E assim aconteceu como reportado". Este é o telegrama de anúncio da execução de Ravachol, guilhotinado pelo Estado francês no dia 11 de julho de 1892 em Montbrison. Para além do tom edificante e austero que emana desse bilhete conservado pela sorte, o mais inquietante talvez seja aquilo que ele só mostra de maneira oblíqua. Ravachol gritou vivas à Re..., mas a lâmina não quis deixar a palavra se completar. Uma primeira hipótese poderia indicar "república", mas a maioria das pessoas pensa ser óbvio que ele queria dizer "revolução". Seria incômodo admitir que o terrível terrorista tenha sido calado com o nome da república nos lábios. Isso levaria simultaneamente a: 1) perguntar por *qual* república um tipo como Ravachol morria; e 2) justificar aquela que se tem. A mentalidade capitalista nunca consegue responder a uma pergunta simples, tendendo sempre a justificar o seu não-saber pela glorificação do existente, procedimento que corresponde ponto por ponto à mais abjeta negação do sentido profundo daquilo que a pergunta, em sua solidão, evoca.

2.

Se Ravachol pôde ser classificado como terrorista pelos guardiões da ordem capitalista porque ele queria explodir violentamente essa mesma ordem, nada nos impede de desconfiar que por baixo da retórica dos direitos humanos se esconde um fundamentalismo de corte religioso, por trás da suposta democracia representativa se erige a exceção soberana e, entranhada na liberdade política – como vísceras indiscerníveis entre gorduras –, se afirma a liberdade de consumir e de ser consumido no espetáculo.

3.

O Estado de Direito descrito nos manuais só existe nos manuais. Não há dúvidas de que a construção histórica de uma estrutura técnico-formal oposta à soberania absoluta do Estado certamente cumpriu um papel imprescindível para a salvaguarda das liberdades individuas na primeira grande onda revolucionária iniciada com a França e os EUA no século XVIII. Contudo, chegou a hora de, assumindo criticamente essa herança, admitir que o processo se esgotou. Hoje vivemos sob o estado de exceção. A visibilidade dessa formação só não se põe de manifesto graças ao espetáculo, que faz parecer que continuamos percorrendo a linha infinitamente perfectível do progresso.

4.

O estado de exceção se localiza entre a facticidade e a juridicidade, sem se identificar com nenhuma dessas duas realidades. Sua "sabedoria" prática se interpõe diante de qualquer consideração técnica que pretenda defini-lo. Essa "sabedoria" consiste em apresentar a anormalidade como previsível e segura, ainda que, paradoxalmente, para se afirmar, o movimento da exceção tenha que negar toda previsibilidade e toda segurança. Por isso espetáculo e exceção são gêmeos siameses e, ainda que não se dê esses nomes a tais fenômenos, só assim eles podem ser compreendidos.

5.

O estado de exceção conta com uma longa e vetusta história cujo ponto focal é a obra de Carl Schmitt, o primeiro a visualizá-lo enquanto fenômeno autônomo. Mais ainda: enquanto fenômeno fundador. Dizer que o direito se funda no *nómos* significa sustentar que ele está para além de si próprio, exigindo uma violência originária da qual toda normatividade depende. O que a filosofia jurídica do século XX fez foi ignorar essa percepção e tentar controlar o incontrolável, como quem varre a sujeira para debaixo do tapete durante anos e, em um belo dia, é obrigado a lidar com a pilha de destroços que Benjamin chamou de progresso. Uma vez ativada, a violência não pode ser contida, apenas mascarada e apresentada como respeitável e necessária. É aqui então que surge o espetáculo denunciado por Debord e, não por acaso, completamente esquecido pelos teóricos do direito. Hoje se poderia desviar aquele engenhoso dito romano segundo o qual "onde há sociedade, há direito" ("*ubi societas, ibi ius*"), pois em nossos dias o que se percebe é que "onde há direito, há violência" ("*ubi ius, ibi vis*"). E mais: onde há exceção, há espetáculo ("*ubi exceptio, ibi spectaculum*").

6.

O espetáculo não é simplesmente uma forma superior do capitalismo, nem mesmo uma sua especialização ou adorno. Trata-se de uma nova maneira de experimentar o tempo, quer dizer, uma nova temporalidade. Somente uma formação temporal total como o espetáculo, que privilegia a contemplação e remete ao Tártaro qualquer intransigência crítica, pode garantir o mundo do duplipensar em que se baseia a exceção. Se para Orwell Guerra é Paz, Liberdade é Escravidão e Ignorância é Força, em nossos tempos Justiça é Força, Privilégio é Argumentação e Polícia é Amor.

7.

Os inúmeros saltos lógicos que a *exceção espetacular* – essa filha dos tempos – exige sequer são perceptíveis em um mundo no qual toda qualidade se quantificou. A experiência de algo valoroso ou prazeroso em si mesmo se torna impossível quando o tempo se orienta por uma continuidade ininterrupta em que o presente engloba o passado e o futuro, com o que estes são negados enquanto campos específicos da luta contra a exceção, impondo-se uma agoridade insensata e acrítica em relação a qualquer ação revolucionária, que só pode se realizar *contra* a tradição e mantendo-se *aberta* à imprevisibilidade constitutiva do amanhã. Com a exceção espetacular a própria tradição se esmigalha e deixa de fazer sentido. O passado já não é sequer um momento do presente, nem a verdade um momento do falso, como denunciara Debord. Viver sob o estado de exceção significa que tais categorias – passado e futuro, verdade e falsidade – não são atualizáveis nem compreensíveis. Se o que os franceses e os estadunidenses fizeram no final do século XVIII tem algum valor, tal não se deve ao conteúdo de suas ideias nem ao suposto caráter libertário de suas revoluções. Ambos os povos mantiveram seus escravos. Os franceses no além-mar do Haiti, negando aos negros os direitos proclamados na revolução metropolitana – não sem o incômodo protesto de um Robespierre – porque eles não ostentavam a cor de pele certa, e os americanos em seu próprio território então liberto da Inglaterra e imediatamente transformado em seu simulacro expandido. O que há de valoroso nessas revoluções é o fato de negarem o presente e sua pretensa inevitabilidade. Eis precisamente o que não conseguimos fazer.

8.

Ravachol era um sujeito que explodia prédios. Em seus dias foi chamado de "a voz da dinamite". No começo de sua memorável carreira, roubou dos pobres para dar de comer à mãe e aos irmãos, mas logo entendeu como tudo funcionava e passou para o bando anarquista. Ninguém se lembraria dele hoje se não fosse por uma mordaz referência de Kafka, que de maneira um pouco inocente e um pouco burguesa dizia ser um pequeno Ravachol quando se perdia nos caminhos de Praga e não chegava à escola na hora certa. Contudo, ninguém – nem mesmo Kafka – se perguntou por que Ravachol tocava fogo às coisas. Por que os nossos *black blocs* são *black blocs* constitui uma questão igualmente grega, quimérica, sem resposta. Pelo menos para quem compactua sem pestanejar com a ordem moral do espetáculo. E exige submissão, identidade e sobrenome desses meninos e meninas privados de futuro. Sem nem mesmo ter ouvido a palavra, eles sabem que Ravachol sequer é um nome. Ainda que fosse, teria se transmutado em outra coisa ao se tornar incendiário. Seu rosto quase santo, saído de uma tela renascentista que retrata o Cristo castigado, é símbolo e signo daqueles que não podem ser nomeados nem apropriados. O nosso anarquista foi o horror de quem se sentia seguro. É para aí que a filosofia radical deve caminhar.

9.

Paulo disse ter combatido o bom combate. E guardado a fé. Quem de nós poderia acusá-lo, mistificá-lo, ridicularizá-lo como merecem apenas os personagens de outros séculos e de outros combates? A cada dia o bom combate aparece diante de nós e viramos a cara. Em um tempo de tanta sujeição, de tantos dogmas e de tão pouca beleza verdadeira ou falsa, a fala de um homem como Paulo de Tarso pode soar ridícula. E não porque ele seja cristão e tenha de algum modo colaborado para a instauração do poder universal da Igreja nas consciências. O que hoje incomoda de verdade em gente como Paulo, Ravachol e Rosa Luxemburgo é que eles tinham um plano.

10.

Ninguém pode negar que o apocalipse virá. Cedo ou tarde. Os antigos diziam que o tempo está próximo e, de fato, para eles os nossos dias significariam algo completamente diverso do que significam para nós. Talvez pudessem ser traduzidos como o novo tempo e a nova terra. Contudo, eles não entenderiam que estamos em uma situação pior do que a deles porque para nós o tempo regrediu. A revelação não se dá somente sob o modelo do Cristo Todo Poderoso coroado por terríveis anjos vermelhos que castigam os malvados. Revelação é isto: saber que nenhuma das coisas pelas quais a humanidade sofredora lutou faz sentido. É claro que essa percepção *precisa* gerar não aceitação, mas um compromisso ético.

11.

Os seres humanos são fracos, diria um oráculo desejoso da atenção da turba. Difícil mesmo seria fundamentar essa afirmação. Exatamente por ser oráculo, o oráculo não precisaria fazê-lo. De fato, toda profecia é uma mentira centrada no presente. Certamente enlouqueceria quem pudesse, com a visão livre dos inevitáveis preconceitos que a época impõe, observar os progressos que a humanidade fez ao longo dos milênios. Salvo que não há progresso verdadeiro enquanto continuarmos nos matando, constatação que emudeceria quem quer que tenha mantido um sorriso irônico depois de entender a frase anterior. O fato de escrevermos ou lermos este texto e continuarmos *lendo textos* é a prova cabal de nossa desonestidade ou tolice.

12.

Agora a vida de alguém somente pode ter algum significado quando, de alguma maneira, se torna social. Não no sentido pífio e superficial daqueles que se veem imbuídos da missão de salvar o planeta ou seu bairro, mas de uma maneira mais grandiosa e até mesmo secreta, porque a exceção espetacular, que marca a cada um seu respectivo assento na plateia universal da contemplação, não pode suportar quem resolve trocar de cadeira e conversar durante o *show*. Especialmente se a conversa não for sobre o *show*. O que se espera da boa humanidade comportada é que aceite a verdade universal da insignificância de cada um diante do rigoroso e irrevogável plano do progresso contínuo. É nisso então, no ato de negar o desenvolvimento tranquilo de um mundo claramente insano, que reside o significado social de uma vida.

13.

Viver como Ravachol ou Debord significa se tornar, em vida, uma insígnia. O preço que se há de pagar por esse atrevimento o primeiro saldou com a justificação apaixonada do roubo e do saque dos bens enterrados com cadáveres, enquanto o segundo muito frequentemente procurava a redenção no fundo de uma garrafa. Todavia, é evidente que no processo histórico de liberação do ser humano de si mesmo essas circunstâncias não são mais do que anedotas, já que o que precisa ser apreendido e lembrado é que houve, de fato, seres humanos como Ravachol e Debord. Ambos exemplificam o que pode ser uma vida social, atribuição frequentemente percebida como paradoxal porque os sujeitos que as vivem costumam ser os mais críticos e ferozes detratores de qualquer vínculo associativo. Mas por se terem em tão alta conta é que esses seres podem apontar para a possibilidade de um escape da monotonia universal que fundamenta o espetáculo patético de bilhões de seres humanos que simplesmente não se rebelam. Bastaria isso para justificar que criaturas como Ravachol e Debord exigissem das prefeituras sob as quais vivessem um salário mensal, tal como aquele que Sócrates cobrara dos atenienses que, no entanto, preferiram condená-lo à morte por cicuta.

14.

A inutilidade geral de qualquer ação individual ou particular contra o estado de coisas instalado no mundo se mostra na mesma medida da dificuldade de se convencer as pessoas de que elas podem fazer a diferença. Não é a menor das astúcias do sistema saber se equilibrar entre a necessária infantilização universal dos seres humanos privados de sua história e ao mesmo tempo fazê-los crer na possibilidade de transformação voluntarista das condições de existência às quais devem suas ilusões. Uma ação revolucionária que queira surgir neste contexto precisa estar para além de toda mitologia do *self-made man*, compreendendo que qualquer revolta deve se dirigir ao coração mesmo do sistema quantificado de trocas que, por ter se universalizado, exige um rival igualmente universal. Pensar globalmente e agir localmente pode talvez funcionar se a consciência que move essa ação for capaz de escapar das condições que a formam enquanto consciência separada para então se propor como problema nada menos do que o mundo. É claro que uma configuração assim pode se realizar apenas enquanto ato de fé.

15.

É curioso notar como muitas pessoas demonstram ter grande simpatia por formas diretas de exercício do poder político, só se resignando a abrir mão da democracia direta sob o argumento ora de sua impossibilidade em sociedades complexas, ora afirmando ser necessário certo grau de previsibilidade e segurança nas relações sociais, objetivo que somente mecanismos como o Estado de Direito poderiam realizar. Quanto à primeira escusa, sequer merece contestação, dado que os fatores "escala" e "complexidade" não são as *causas* do abandono do projeto de democracia direta, mas as suas *consequências*. No que diz respeito à segunda justificativa, vale a pena notar a extrema e cruel ironia segundo a qual as pessoas desistem do livre uso de suas vidas em nome da segurança e da previsibilidade, situações subjetivas que, de fato e constantemente, lhes são negadas pelo sistema excepcional de democracia indireta que se diz justo e previsível. No contexto do estado de exceção em que hoje se sobrevive, toda regra geral acaba suspensa em nome de medidas emergenciais. Estas mudam as regras do jogo constantemente, de modo que já não se pode falar em segurança como meta, mas em mera e razoável diminuição dos riscos (sempre imponderáveis). Assim, as pessoas entregam suas liberdades a troco de nada; ou melhor, elas a trocam por uma única e previsível certeza: a de que aqueles que se beneficiam com o sistema capitalista sempre ganharão o jogo.

16.

Nas últimas páginas de seu *Panegírico*, Debord nota que a decadência geral é um meio a serviço do império da servidão. Mais ainda: apenas na medida em que se confunde com esse meio, se pode chamar a decadência de progresso. Quanto à servidão, o que a caracteriza na presente quadra histórica é sua exigência de que seja apreciada em si mesma e não em razão das vantagens que possa trazer. O simples prazer de conhecê-la, e não quaisquer promessas de segurança, deve agora bastar para justificá-la. O velho *strategós* publicou isso em 1989, ou seja, quando ainda havia alguma esperança, e a vida, por mais que Debord a denunciasse insistentemente, ainda não tinha se convertido em espetáculo total. Hoje as condições técnicas que tornam possível a imersão no tempo espetacular, identificado integralmente com o progresso, não apenas exigem que a servidão justifique a si mesma, mas a apresentam de modo evidente e inconfundível enquanto parte do processo vital das sociedades. É graças a esse tipo de mágica que, em uma época na qual se valoriza extensamente o ócio, este se converte a cada passo em trabalho gratuito para o capital, e isso sem perder, mas antes reforçando o caráter aparentemente livre das operações que consistem em colaborar na avaliação de hotéis e restaurantes em *sites* de viagem, participar de pesquisas e questionários *on-line*, expressar opiniões nas redes espetaculares por meio de estruturas algorítmicas que transformam toda qualidade em quantidade e, de maneira geral, alimentar um imenso sistema de controle enquanto se crê que tudo isso é apenas diversão para "matar o tempo". Se há algo válido nessa última expressão, é sua sabedoria inconsciente referente à indisponibilidade do tempo, que na medida em que se dedica à sua própria consumação e passagem, está efetivamente morto e jamais poderá ser recuperado, o que somente as experiências da tradição e da utopia poderiam realizar.

17.

Tornar o poder democrático significa abri-lo, transformando-o assim em espaço de não-segredo. O poder é forte porque se centra nos *arcana imperii*, lugar daquilo que não é comum e, por consequência, se privatiza sob a forma de uma violência sempre ameaçadora porque sempre evanescente e dificilmente localizável.

18.

Apenas duzentos e poucos anos de secularismo foram suficientes para destruir a compreensão de que a política existe somente enquanto aposta e, portanto, não pode ser prevista e assegurada por cálculos. Há na decisão política um elemento resistente a toda análise racional que assume o sentido trágico da escolha. Eis o que as ontologias da ordem querem negar ao pressupor e exigir o cálculo. Contudo, não se pode duvidar seriamente de que uma vida livre de peias e padrões é hoje uma dificuldade considerável, e isso mesmo no plano puramente individual. Quantos de nós sobreviveriam sem a rotina e a designação de tarefas? Se tivessem tempo livre, os seres humanos talvez não o empregariam para nada a não ser inventar novos esquemas que lhes trouxessem certezas e camas quentes a lhes esperar ao final de cada laboriosa jornada entregue ao acaso. Todavia, se a necessidade de segurança fosse integrada à vida como parte de um jogo maior em que sempre se aposta, não traria maiores problemas e seria inclusive divertida. O problema acontece quando, diante do tempo suspenso e carente de deuses, toda a realidade parece se converter em um insípido supermercado: ali estão os sabonetes, mais à esquerda as verduras, não deixe de passar pela sessão de chocolates, aproveite descontos convidativos ao comprar o fardo com doze unidades do mesmo papel higiênico e esteja seguro de que ao final o caixa não te cobrará nem mais nem menos do que o resultado de todas as contas que você incessantemente fez ao escolher seus produtos preferidos e considerar não só se seu dinheiro será suficiente para pagá-los, mas fundamentalmente se eles valem a pena de verdade. O que a revolução precisa fazer é converter o supermercado em feira medieval e, no limite, em *potlatch*.

Referências

ABENSOUR, M. 2000. *L'utopie, de Thomas More à Walter Benjamin*. Paris: Sens & Tonka.

AGAMBEN, G. 1993. *A comunidade que vem*. Trad. António Guerreiro. Lisboa: Presença.

_____. 2011. *Altissima povertà: regole monastiche e forma di vita*. Vicenza: Neri Pozza.

_____. 2012. "Bataille y la paradoja de la soberanía". In: Giorgio Agamben. *Teología y lenguaje: del poder de dios al juego de los niños*. Trad. Matías Raia. Buenos Aires: Las Cuarenta, pp. 15-23.

_____. 2014. *Categorias italianas: estudos de poética e literatura*. Trad. Carlos Eduardo Schmidt Capela e Vinícius Nicastro Honesko. Florianópolis: Universidade Federal de Santa Catarina.

_____. 2017. *Creazione e anarchia: l'opera nell'età della religione capitalistica*. Vicenza: Neri Pozza.

_____. 2004. *Estado de exceção*. Trad. Iraci D. Poleti. São Paulo: Boitempo.

_____. 2010. *Homo sacer I: o poder soberano e a vida nua*. Trad. Henrique Burigo. Belo Horizonte: Universidade Federal de Minas Gerais.

_____. 2014. *L'uso dei corpi*. Vicenza: Neri Pozza.

_____. 2015. *O reino e a glória: uma genealogia teológica da economia e do governo*. Trad. Selvino J. Assman. São Paulo: Boitempo.

_____. 2012. "Sobre os limites da violência". Trad. Diego Cervelin. *Sopro: Panfleto Político-Cultural*, n. 79. Disponível em: <http://www.culturaebarbarie.org/sopro/outros/violencia.html#.YhdjB-jMLIU>.

_____. 2020. "Una voce". *Quodlibet*. Disponível em: <https://www.quodlibet.it/una-voce-giorgio-agamben>.

ALTIZER, T. J. J. 1966. *The gospel of christian atheism*. Philadelphia: Westminster.

_____. 2000. *The new apocalypse: the radical christian vision of William Blake*. Aurora: The Davies Group.

ARENDT, Hannah. 1972. "On civil disobedience". In: Hannah Arendt. *Crises of the republic*. New York: Harcourt Brace, pp. 49-102.

_____. 2005. *The promise of politics*. New York: Schocken.

ATHANASIOU, A; BUTLER, J. 2013. *Dispossession: the performative in the political*. London: Polity.

AUSTIN, J. L. 1975. *How to do things with words*. Ed. J. O. Urmson and Marina Sbisa. Oxford: Oxford University.

BADIOU, A. "Sur la situation épidémique". *Quartier Générale*, 26 mar.

2020. Disponível em: <https://qg.media/2020/03/26/sur-la-situation-epidemique-par-alain-badiou/>.

_____. 2013. "Vingt-quatre notes sur l'usage du mot «peuple»". In: AA. VV. *Qu'est-ce qu'un peuple?* Paris: La Fabrique, pp. 9-21.

BALIBAR, É. 2003. "Structuralism: a destitution of the subject?" Trad. James Swenson. *Differences: A Journal of Feminist Cultural Studies*, v. 14, n. 1, pp. 1-21.

BENJAMIN, W. 1991a. "Die Aufgabe des Übersetzers". In: Walter Benjamin. *Gesammelte Schriften*. Band II. Unter Mitwirkung von Theodor W. Adorno und Gershom Scholem. Herausgegeben von Rolf Tiedemann und Hermann Schweppenhäuser. Frankfurt-am-Main: Suhrkamp, pp. 9-21.

_____. 1996. "The life of the students". In: Walter Benjamin. *Selected writings*. Vol. 1. Ed. Marcus Bullock and Michael W. Jennings. Trad. David Lachterman, Howard Eiland and Ian Balfour. Cambridge: Belknap, pp. 37-47.

_____. 1974. "Über den Begriff der Geschichte". In: Walter Benjamin. *Gesammelte Schriften*. Band I. Unter Mitwirkung von Theodor W. Adorno und Gershom Scholen. Herausgegeben von Rolf Tiedemann und Hermann Schweppenhäuser. Frankfurt-am-Main:

Suhrkamp, pp. 691-704 e p. 1231 (XVIIa).

_____. 1991b. "Zur Kritik der Gewalt". In: Walter Benjamin. *Gesammelte Schriften*. Band II. Unter Mitwirkung von Theodor W. Adorno und Gershom Scholem. Herausgegeben von Rolf Tiedemann und Hermann Schweppenhäuser. Frankfurt-am-Main: Suhrkamp, pp. 179-203.

BICHAT, X. 1962. *Recherches physiologiques sur la vie et sur la mort*. Genève/Paris/Bruxelles: Alliance Culturelle du Livre.

BORGES, J. L. 1964. *El otro, el mismo*. Madrid: Debolsillo

_____. 1960. *El hacedor*. Buenos Aires: Emecé.

_____. 1944. *Ficciones*. Buenos Aires: Emecé.

BRADBURY, R. 2003. *Fahrenheit 451*. Trad. Cid Knipel. São Paulo: Globo.

BURGESS, A. 2004. *Laranja mecânica*. Trad. Fábio Fernandes. São Paulo: Aleph.

BUTLER, J. 2013. "«Nous, le peuple»: réflexions sur la liberté de réunion". In: AA. VV. *Qu'est-ce qu'un peuple?* Paris: La Fabrique, pp. 53-73.

_____. 2004. *Precarious life: the powers of mourning and violence*. London: Verso.

CANFORA, L. 2012. *La democrazia: storia di un'ideologia*. Bari-Roma: Laterza.

CAPUTO, J. D. 2006a. "Atheism, a/theology and the postmodern condition". In: Michael Martin (ed.). *The Cambridge companion to atheism*. Cambridge: Cambridge University, pp. 267-282.

_____. 2006b. *The weakness of god: a theology of the event*. Bloomington: Indiana University.

_____. 2007. *What would Jesus deconstruct? The good news of postmodernism for the church*. Grand Rapids: Baker.

CASTELLS, M. 2013. *Redes de indignação e esperança: movimentos sociais na era da internet*. Trad. Gustavo Cardoso e Liliana Pacheco. Lisboa: Calouste Gulbenkian.

CHATWIN, B. 1996. *O rastro dos cantos*. Trad. Bernardo Carvalho. São Paulo: Companhia das Letras.

CÍCERO. 2000. *Dos deveres* (de officiis). Trad., introdução, notas, índice e glossário de Carlos Humberto Gomes. Lisboa: Edições 70.

CLAEYS, G. 2011. *Utopía: historia de una idea*. Trad. María Condor. Madrid: Siruela.

CLARK, T. J. 2013. *Por uma esquerda sem futuro*. Trad. José Viegas. São Paulo: Editora 34.

COCCIA, E. 2018. *A vida das plantas: uma metafísica da mistura*. Trad. Fernando Scheibe. Florianópolis: Cultura e Barbárie.

COLLI, G. 1982. *La ragione errabonda*. Milano: Adelphi.

COMITÉ INVISIBLE. 2015. *A nuestros amigos*. Trad. Vicente E. Barbarroja, León A. Barrera y Ricardo I. Fiori. Logroño: Pepitas de Calabaza.

CORPUS IURIS CIVILIS. 1928. Editio stereotypa quinta decima. Volumen primum. *Institutiones*. Recognovit: Paulus Krueger. *Digesta*. Recognovit: Theodorus Mommsen. Retractavit: Paulus Krueger. Berlin: Weidmannos.

CORRÊA, M.; MATOS, A. Viral intrusion. *Naked Punch*, 31 mar. 2020. Disponível em: <http://www.nakedpunch.com/articles/308>.

CROUCH, C. 2004. *Post-democracy*. London: Polity.

CROZIER, M.; HUNTINGTON, S. P.; WATANUKI, J. 1975. *The crisis of democracy: report on the governability of democracies to the trilateral commission*. New York: New York University.

DEBORD, G. 1992. *La société du spectacle*. Paris: Gallimard.

DELEUZE, G. 1968. *Différence et répétition*. Paris: Presses Universitaires de France.

_____. 1990. *Pourparlers (1972-1990)*. Paris: Minuit.

_____. 1992. "What is a *dispositif* ?". In: Timothy J. Armstrong (ed.). *Michel Foucault, philosopher*. New York: Routledge, pp. 159-168.

DELEUZE, G.; GUATTARI, F. 1972. *L'anti-Œdipe: capitalisme et schizophrénie.* Paris: Les Éditions de Minuit.

DERRIDA, J. 2020 *A farmácia de Platão.* Trad. Rogério Costa. São Paulo: Iluminuras.

_____. 2010. *Força de lei.* Trad. Leyla Perrone-Moisés. São Paulo: WMF Martins Fontes.

DICK, P. K. 2007. *O homem duplo.* Trad. Ryta Vinagre. São Paulo: Rocco.

DIDI-HUBERMAN, G. 2013. "Rendre sensible". In: AA. VV. *Qu'est-ce qu'un peuple?* Paris: La Fabrique, pp. 77-113.

DIOGÈNE LAËRCE. 2002. "Vies et opinions des philosophes. Livre VII". Trad. Émile Bréhier. Rev. Victor Goldschmidt e P. Kucharski. Rubriques, notice et notes Victor Goldschmidt. In: Pierre-Maxime Schuhl (ed.). *Les stoïciens.* Bibliothèque de la Pléiade. Paris: Gallimard.

DOUZINAS, C. 2015. "Crisis, resistencia e insurrección: el despertar de la izquierda radical en Grecia". In: Alain Badiou *et al. Posdemocracia, guerra monetaria y resistencia social en la Europa de hoy.* Madrid: Errata Naturae, pp. 163-185.

_____. 2013. *Philosophy and resistance in the crisis.* London: Polity.

DUPUY, J.-P. 2008. *La marque du sacré.* Paris: Carnets Nord.

EBERT, T. 1988. "Die Auswirkungen von Aktionen zivilen Ungehorsams in parlamentarischen Demokratien: eine vergleichende Betrachtung". In: Peter Saladin; Beat Sitter (Orgs.). *Widerstand im Rechtsstaat*: 10. Kolloquium der Schweizerischen Akademie Der Geisteswissenschaften. Freiburg: Universitätsverlag, pp. 73-116.

EPICURO. 2020. *Cartas & máximas principais: "como um deus entre os homens".* Trad. Maria Cecília Gomes dos Reis. São Paulo: Companhia das Letras.

ESPOSITO, R. 2010. *Bios: biopolítica e filosofia.* Trad. M. Freitas da Costa. Lisboa: Edições 70.

_____. 2013. *Due: la macchina della teologia politica e il posto del pensiero.* Torino: Einaudi.

_____. 2011. *El dispositivo de la persona.* Trad. Heber Cardoso. Buenos Aires: Amorrortu.

_____. 2020. *Pensiero istituente: tre paradigmi di ontologia politica.* Torino: Einaudi.

FOUCAULT, M. 1981. *As palavras e as coisas.* Trad. Salma Tannus Muchail. São Paulo: Martins Fontes.

_____. 2005. *Em defesa da sociedade*: curso no Collège de France (1975-1976). Ed. estabelecida por Michel Senellart sob a direção de François Ewald e Alessandro Fontana. Trad. Maria Ermantina Almeida Prado Galvão. São Paulo: Martins Fontes.

_____. 2009. *Seguran-ça, território, população: curso no Collège de France (1977-1978)*. Ed. estabelecida por Michel Senellart sob a direção de François Ewald e Alessandro Fontana. Trad. Eduardo Brandão. Rev. Claudia Berliner. São Paulo: Martins Fontes.

FRAENKEL, E. 1991a. "Der Pluralismus als Strukturelement der freiheitlich rechtsstaatlichen Demokratie: Gemeinwohl – *a priori* und *a posteriori*". In: Alexander von Brünneck (org.). *Ernst Fraenkel: Deutschland und die westlichen Demokratien*. Frankfurt-am-Main: Suhrkamp, pp. 297-325.

_____. 1991b. "Strukturanalyse der modernen Demokratie". In: Alexander von Brünneck (org.). *Ernst Fraenkel: Deutschland und die westlichen Demokratien*. Frankfurt-am-Main: Suhrkamp, pp. 326-359.

FRASER, N. 2003. "Social justice in the age of identity politics: redistribution, recognition and participation". In: Nancy Fraser; Axel Honneth. *Redistribution or recognition? A political-philosophical exchange*. London: Verso.

FRIEDRICH, C. J. 1958. *La démocratie constitutionnelle*. Trad. Andrée Martinerie, André Bertrand *et al*. Paris: Presses Universitaires de France.

GAGNEBIN, J.-M. 2014. *Limiar, aura e rememoração: ensaios sobre Walter Benjamin*. São Paulo: Editora 34.

GAIUS. 1950. *Institutes*. Trad. et texte établi par Julien Reinach. Paris: Les Belles Lettres.

GARCÍA COLLADO, F.; MATOS, A. S. M. C. 2021. *Para além da biopolítica*. Trad. Andityas Soares de Moura Costa Matos. São Paulo: sobinfluencia.

GENET, J. "Violence et brutalité (à propos de la "Rote Armee Fraktion")". *Le Monde*, n. 10.137, pp. 1-2, 02 setembro de 1977..

GIBBONS, D; MOORE, A. 2022. *Watchmen*. Edição definitiva. São Paulo: Panini.

GOLDMANN, L. 1955. *Le dieu caché*. Paris: Gallimard.

GOMES, A. S. T.; MATOS, A. S. M. C. 2019. "Memes políticos e dessubjetivação: o ocaso da *phoné* na política contemporânea brasileira". *Veritas*, v. 64, n. 3, pp. 1-34. Disponível em: <https://revistaseletronicas. pucrs.br/ojs/index.php/veritas/article/view/34035/19414>.

GUMBRECHT, H. U. 2011. *Lento presente: sintomatología del nuevo tiempo histórico*. Trad. Lucía Relanzón Briones. Madrid: Escolar y Mayo.

HABERMAS, J. 2011. "Europe's post-democratic era". *The Guardian*, 10 nov. 2011. Disponível em: <http://www.theguardian.com/commentis-

free/2011/nov/10/jurgen-haber-mas-europe-post-democratic>.

HAN, B.-C. "La emergencia viral y el mundo de mañana". *El País*, 21 mar. 2020. Disponível em: <https://elpais.com/ideas/2020-03-21/la-emergencia-viral-y-el-mundo-de-manana-byung-chul-han-el-filosofo-surcoreano-que-piensa-desde-berlin.html>.

HARDT, M.; NEGRI, A. 2009. *Commonwealth*. Cambridge (Massachusetts): Harvard University.

_____. 2005. *Multidão*: guerra e democracia na era do império. Trad. Clóvis Marques. Rev. técnica Giuseppe Cocco. Rio de Janeiro: Record.

HEIDEGGER, M. 2000. *Carta sobre el humanismo*. Trad. Helena Cortés y Arturo Leyte. Madrid: Alianza.

HELLER, A. "Der Bahnhof als Metapher. Eine Betrachtung über die beschleunigte Zeit und die Endstationen der Utopie". In: *Frankfurter Rundschau*, 26. out. 1991.

HERVIEU-LÉGER, D. 1993. *La religion pour memóire*. Paris: Cerf.

HOUAISS, A. *Dicionário eletrônico Houaiss da língua portuguesa*. CD-ROM.

HUXLEY, A. 1980. *Admirável mundo novo*. Trad. Vidal de Oliveira e Lino Vallandro. Porto Alegre: Globo.

_____. 2000. *Regresso ao admirável mundo novo*. Trad. Eduardo Nunes Fonseca. Belo Horizonte/Rio de Janeiro: Itatiaia.

JAPPE, A. 2015. "¿Todos contra la banca?" In: Alain Badiou *et al. Posdemocracia, guerra monetaria y resistencia social en la Europa de hoy*. Madrid: Errata Naturae, pp. 115-126.

JESI, F. 2014. *Spartakus: simbología de la revuelta*. Trad. María Teresa D'Meza. Ed. Andrea Cavalletti. Buenos Aires: Adriana Hidalgo.

JUVENAL. 1964. *Satires*. 8. ed. rev. et corr. Trad. e texte établi par Pierre de Labriolle et Franãois Villeneuve. Paris: Les Belles Lettres.

KAFKA, F. 2006. *Die Züraeur Aphorismen*. Herausgegen von Roberto Calasso. Frankfurt-am-Main: Suhrkamp.

KALYVAS, A. 2013. "Democracia constituinte". Trad. Florência Mendes Ferreira da Costa. *Lua Nova: Revista de Cultura e Política*, n. 89, pp. 37-84.

KHAYATI, M. 1966. *Les mots captifs (Préface à un dictionnaire situationniste)*. Disponível em: <https://debordiana.noblogs.org/2011/08/les-mots-captifs-mars-1966/>.

KHIARI, S. 2013. "Le peuple et le tiers-peuple". In: AA. VV. *Qu'est-ce qu'un peuple?* Paris: La Fabrique, pp. 115-134.

LACLAU, E. 1986. "Os novos movimentos sociais e a pluralidade do social". *Revista Brasileira de Ciências Sociais*, n. 2, pp. 41-47.

LACLAU, E.; MOUFFE, C. 2001. *Hegemony and socialist strategy: towards a radical democratic politics*. 2. ed. London: Verso.

LAUDANI, R. 2011. *Disobedience in western political thought: a genealogy*. Cambridge: Cambridge University.

LAZZARATO, M. 2015. "Capitalismo de estado y soberanía: la gubernamentalidad en la crisis actual". In: Alain Badiou *et al. Posdemocracia, guerra monetaria y resistencia social en la Europa de hoy*. Madrid: Errata Naturae, pp. 29-42.

LEVINAS, E. 2014. *A violência do rosto*. Trad. Fernando Soares Moreira. São Paulo: Loyola.

LÉVI-STRAUSS, C. 1955. *Tristes tropiques*. Paris: Plon.

LLOYD, D.; MOORE, A. 2018. *V de vingança*. São Paulo: Panini.

LOURENÇO, F. 2016. "Introdução aos quatro evangelhos". In: BÍBLIA. Vol. I. *Novo testamento: os quatro evangelhos*. Trad. do grego, apresentação e notas Frederico Lourenço. Lisboa: Quetzal, pp. 21-38.

LUMMIS, C. D. 2002. *Democracia radical*. Trad. Susana Guardado del Castro. Buenos Aires: Siglo XXI.

MacPHERSON, C. B. 1962. *The political theory of possessive individualism*. Oxford: Clarendon.

MAFFEY, A. 2000. "Utopia". In: Norberto Bobbio; Pasquino Gianfranco; Nicola Mateucci (orgs.). *Dicionário de política*. 2 vols. Trad. Carmem C. Varriale *et al*. Coord. João Ferreira. 5. ed. Brasília: UnB; São Paulo: Imprensa Oficial do Estado, pp. 1284-1290.

MANCUSO, S. 2019. *A revolução das plantas*. Trad. Regina Silva. São Paulo: Ubu.

MANNHEIM, K. 1968. *Ideologia e utopia*. Trad. Sérgio Magalhães Santeiro. Rio de Janeiro: Zahar.

MANSFIELD, N. 2010. *The god who deconstructs himself: sovereignty and subjectivity between Freud, Bataille, and Derrida*. New York: Fordham University.

MARDER, M.; VIEIRA, P. (orgs.) 2012. *Existential utopia: new perspectives on utopian thought*. London/New York.

MARX, K. 2011. *A guerra civil na França*. Trad. Rubens Enderle. São Paulo: Boitempo.

MATOS, A. S. M. C. 2015. *Filosofia radical e utopias da inapropriabilidade: uma aposta* an-árquica *na multidão*. Belo Horizonte: Fino Traço.

_____. 2014. *O grande sistema do mundo: do pensamento grego originário à mecânica quântica*. Belo Horizonte: Fino Traço.

_____. 2016. "Walter Benjamin em Gotham City: sobre a violência pura". *Sequência*, n. 74, pp. 137-152. Disponível em: <https://periodicos.ufsc.br/index.php/sequen-

cia/article/view/2177-7055.2016v-37n74p137/33124>.

MBEMBE, A. 2016. "Necropolítica". *Arte & Ensaio*: Revista do PPGAV/EBA/UFRJ, n. 32, pp. 123-151.

MESSINA, G. 2013. "Stato economico d'eccezione e teoria della *governance*: ovvero la fine della politica". *Revista Brasileira de Estudos Políticos*, n. 107, pp. 99-148.

METZ, J. B. 1997. *Zum Begriff der neuen politischen Theologie* (1967-1997). Mainz: Matthias-Grünewald.

MOLTMANN, J. 1964. *Theologie der Hoffnung*. Munich: Kaiser.

MOREIRAS, A. 2004. "A god without sovereignty. Political *jouissance*. The passive decision". *The New Centennial Review*, v. 4, n. 3, pp. 71-108.

MUSIL, R. 2006. *O homem sem qualidades*. Trad. Lya Luft e Carlos Abbenseth. Rio de Janeiro: Nova Fronteira.

NANCY, J.-L. 1983. *La communauté désoeuvrée*. Paris: Christian Bourgois.

NEGRI, A. 2007 *Jó: a força do escravo*. Trad. Eliana Aguiar. Rev. técnica Giuseppe Cocco. Rio de Janeiro: Record.

_____. 2015. "Prefacio a la nueva edición en español". In: Antonio Negri. *El poder constituyente: ensayo sobre las alternativas de la modernidad*. Trad. Simona Frabotta y Raúl Sánchez Cedillo. Ed. Montserrat Galcerán Huguet y Carlos Prieto del Campo. Madrid:

Traficantes de Sueños/Secretaría de Educación Superior, Ciencia, Tecnología e Innovación, pp. 11-21.

OBER, J. 2008. "The original meaning of democracy: capacity to do things, not majority rule". *Constellations*, v. 15, n. 1, pp. 3-9.

ORWELL, G. 2005. *1984*. Trad. Wilson Velloso. São Paulo: Companhia Editora Nacional.

OST, F. 2005. *Contar a lei: as fontes do imaginário jurídico*. Trad. Paulo Neves. São Leopoldo: Unisinos.

OXFORD English Dictionary. Disponível em: <http://www.oed.com>.

PASOLINI, P. P. *Il vangelo secondo Matteo*. Itália/França: Arco Film/Lux Compagnie Cinématographique de France, P&B, 137 min., 1964.

PLATÃO. 2001. *A república*. Trad., introdução e notas Maria Helena da Rocha Pereira. 9. ed. Lisboa: Calouste Gulbenkian.

PRECIADO, P. B. 2013. *Testo junkie: sex, drugs, and biopolitics in the pharmacopornographic era*. New York: The Feminist Press at the City University of New York.

RANCIÈRE, J. 1998. *Aux bords du politique*. Paris: La Fabrique.

_____. 2005. *La haine de la démocratie*. Paris: La Fabrique.

REDELL, P. C. 2014. *Mysticism as revolt: Foucault, Deleuze and theology beyond representation*. Aurora: The Davies Group.

RESTREPO, R. S. 2012. "Cinco tesis desde el pueblo oculto". *Oxímora: Revista Internacional de Ética y Política*, n. 1, pp. 10-39.

RIZZI, A. 1991. "Esodo e teologia politica". In: Michele Nicoletti; Luigi Sartori (orgs.). *Teologia politica*. Bologna: Edizioni Dehoniane Bologna, pp. 109-119.

ROBBINS, J. W. 2014. *Radical democracy and political theology*. New York: Columbia University.

ROMANO, E. 1989. *Sobre o poder eclesiástico*. Trad. Cléa Pitt B. Goldman Vel Lejbman e Luis Alberto de Boni. Petrópolis: Vozes.

ROSENMANN, M. R. 2007. *El pensamiento sistémico: los orígenes del social conformismo*. Madrid: Sequitur.

SADE, Marquês de. 1999. *A filosofia na alcova*. Trad. Augusto Contador Borges. São Paulo: Iluminuras.

SALZANI, C. 2015. "From Benjamin's *bloße Leben* to Agamben's *nuda vita*: a genealogy". In: Brendan Moran; Carlo Salzani (orgs.). *Towards the critique of violence*: Walter Benjamin and Giorgio Agamben. London: Bloomsbury, pp. 110-123.

SCATTOLA, M. 2009. *Teologia política*. Trad. José Jacinto Correia Serra. Lisboa: Edições 70.

SCHEUERMAN, W. E. 2000. "The economic state of emergency". *Cardozo Law Review*, vol. 21, n. 5-6, Yeshiva University, pp. 1869-1894.

SCHMITT, C. 2011. *Catolicismo romano y forma política*. Trad. y notas Pedro Madrigal. Madrid: Tecnos.

_____. 1950. *Der* Nomos *der Erde im Völkerrecht des* Jus Publicum Europaeum. Berlin: Duncker & Humblot.

_____. 1991a. *Die geistesgeschichtliche Lage des heutigen Parlamentarismus*. Berlin: Duncker & Humblot.

_____. 1991b. *Glossarium*: *Aufzeichnungen der Jahre 1947-1951*. Ed. Fr. von Medem. Berlin: Duncker & Humblot.

_____. 1932. *Legalität und Legitimität*. Berlin: Duncker & Humblot.

_____. 1922. *Politische Theologie: Vier Kapitel zur Lehre von der Souveränität*. Berlin: Duncker & Humblot.

SCHOFIELD, M. 1999. *The stoic idea of the city*. Chicago: The University of Chicago Press.

SCHOLEM, G. 2015. *A cabala e seu simbolismo*. Trad. Hans Borger e Jacó Guinsburg. São Paulo: Perspectiva.

SCHÜRMANN, R. 1982. *Le principe d'anarchie: Heidegger et la question de l'agir*. Paris: Seuil.

SCOTT, J. C. 2017. *Against the grain: a deep history of the earliest states*. New Haven: Yale University.

SÖLLE, D. 1971. *Politische Theologie: Auseinandersetzung mit Rudolf Bultmann*. Stuttgart: Kreuz.

SOREL, G. 1992. *Reflexões sobre a violência*. Trad. Paulo Neves. São Paulo: Martins Fontes.

SOUZA, J. K. S. 2021. *Desalienar o poder, viver o jogo: uma crítica situacionista ao direito*. São Paulo: Max Limonad.

STAVRAKAKIS, Y. 2015. "La sociedad de la deuda: Grecia y el futuro de la posdemocracia". In: Alain Badiou *et al. Posdemocracia, guerra monetaria y resistencia social en la Europa de hoy*. Madrid: Errata Naturae, pp. 7-28.

STENGERS, I. 2008. *Au temps des catastrophes: résister à la barbarie qui vient*. Paris: La Découverte.

SUTTER, L. 2020. "Logística das pandemias". Trad. Murilo Duarte Costa Corrêa. *Instituto Humanitas Unisinos*, 27 de março. Disponível em: <http://www.ihu.unisinos.br/78-noticias/597370-logistica-das-pandemias>.

TUCÍDIDES. 1972. *History of Peloponnesian war*. Ed. Moses I. Finley. Trans. Rex Warner. London: Penguin.

TOCQUEVILLE, A. 1996. *De la démocratie en Amérique*. Paris: Gallimard.

VALDECANTOS, A. 2014. *La excepción permanente: o la construcción totalitaria del tiempo*. Madrid: Díaz & Ponz.

WOLIN, S. S. 2010. *Democracy incorporated: managed democracy and the specter of inverted totalitarianism*. Princeton: Princeton University.

WOOD, E. M. 1995. *Democracy against capitalism: renewing historical materialism*. Cambridge: Cambridge University.

ZAFFARONI, E. R. 2012. *A palavra dos mortos: conferências de criminologia cautelar*. Coord. trad. Sérgio Lamarão. Trads. Cecília Perlingeiro, Gustavo de Souza Preussler, Lucimara Rabel e Maria Gabriela Viana Peixoto. São Paulo: Saraiva.

ZINN, H. 1970. *The problem is civil obedience*. Disponível em: <https://www.howardzinn.org/collection/the-problem-is-civil-obedience/>.

ŽIŽEK, S. 2020. "Coronavirus is 'Kill Bill'-esque blow to capitalism and could lead to reinvention of communism". *Russia Today*, 27 de fevereiro. Disponível em: <https://www.rt.com/op-ed/481831-coronavirus-kill-bill-capitalism-communism/>.

ZOLO, D. 2006. "Teoria e crítica do estado de direito". In: Pietro Costa; Danilo Zolo (orgs.). *O estado de direito: história, teoria, crítica*. São Paulo: Martins Fontes, pp. 3-94.

Sobre o coordenador da coleção:
Lucas Piccinin Lazzaretti é Doutor em Filosofia pela PUC-PR e professor substituto de Filosofia da UFSC. Ocupou a posição de *fellow* na *Hong-Kierkegaard Library*, no *St. Olaf College* (2018-2019). Tem atuado como tradutor de inglês, espanhol, francês, dinamarquês e italiano. É o organizador da Coleção Rastilho.

Sobre o autor:
Andityas Soares de Moura Costa Matos é Doutor em Direito e Justiça pela Universidade Federal de Minas Gerais (UFMG). Foi professor visitante na *Universitat de Barcelona* (2015-2016) e na *Universidad de Córdoba* (2021-2022), ambas na Espanha, e é também Doutor em Filosofia pela Universidade de Coimbra (Portugal). Atua como Professor Associado de Filosofia do Direito e disciplinas afins na Faculdade de Direito e Ciências do Estado da UFMG. Autor de *Filosofia radical e utopias da inapropriabilidade: uma aposta an-árquica na multidão* (Fino Traço, 2015), e coautor, com Francis García Collado, de *O vírus como filosofia/A filosofia como vírus: reflexões de emergência sobre a COVID-19* (GLAC, 2020) e *Para além da biopolítica* (sobinfluencia, 2021).

A **Coleção Rastilho** é um processo editorial que pretende costurar o pensamento que tem se desenvolvido em torno do anarquismo contemporâneo, curando, traduzindo e editando minuciosamente um elo de formação radical aberto à paixão e ao exercício insurgente da vida.

A sobinfluencia propõe, com essa coleção, a ignição de um rastro de pólvora que teve início muito antes de nosso tempo, questionando sua linearidade e inflamando as lições coletivas tecidas pelo pensamento anarquista através da prática de liberdade e responsabilidade com o pensamento presente.

Este livro é composto pelas fontes minion pro e neue
haas grotesk display pro e foi impresso pela Graphium
no papel pólen soft 80g, com uma tiragem
de 800 exemplares